EL TESTAMENTO DEL MILLONARIO

Otras obras de Marc Fisher en Editorial Gedisa

EL REGALO DEL MILLONARIO
Un cuento sobre el trabajo y el amor

Michèle es una mujer atractiva, felizmente casada y que disfruta con su trabajo en una gran editorial neoyorquina. La vida parece sonreírle. Sin embargo, no se siente del todo satisfecha y es incapaz de adivinar el porqué.

Un mágico regalo conmocionará su universo, haciéndole descubrir las envidias, mentiras y mezquindades que le rodean. Desde ese momento, Michèle se enfrentará de forma muy distinta a su vida profesional y personal.

El regalo del millonario es una apasionante y modernísima reflexión sobre el trabajo, la felicidad y el amor que le cautivará desde la primera página.

PIENSA COMO UN MILLONARIO

Piensa como un millonario nos muestra que el éxito está al alcance de todos aquellos que lo deseen, que confíen en lograr sus objetivos y que pongan sus ilusiones en marcha.

Este principio puede ser aplicado incluso por aquellas personas que han sufrido muchos fracasos en la vida, una vez que consiguen dejar atrás los obstáculos mentales y emocionales que obstruyen su camino. A lo largo del libro se nos anima a explorar y a dar alas a nuestros mayores sueños y aspiraciones, pues en ellos es donde podemos encontrar la realización y el éxito verdaderos y duraderos.

Se trata, pues, de un libro para leer, releer y trabajar con él; cuando lo hagas, obtendrás maravillosos resultados.

EL TESTAMENTO DEL MILLONARIO

Marc Fisher

Un relato sobre
el arte de triunfar y ser feliz

Nuevos Emprendedores

Título del original en francés:
Le Testament du Millonnaire

Traducción: José Luis Sánchez

Diseño de cubierta: Sylvia Sans

Primera edición, junio del 2003, Barcelona

Paseo Bonanova, 9 1º-1ª
08022 Barcelona, España
Tel. 93 253 09 04
Fax 93 253 09 05
Correo electrónico: gedisa@gedisa.com
http://www.gedisa.com

ISBN: 84-7432-875-6
Depósito legal: B. 27107-2003

Impreso por: Romanyà /Valls
Verdaguer 1 – 08786 – Capellades (Barcelona)

Impreso en España
Printed in Spain

A Deborah y Jessica
y Julia y Hostia
y mama piccola…

ÍNDICE

1. Cuando la suerte sonríe a un muchacho desesperado 11
2. Elige con cuidado tu carrera 23
3. Vence al demonio del miedo 37
4. Date una buena educación. 53
5. Ten grandes objetivos 65
6. Persevera 77
7. Desarrolla tu bondad fundamental 93
8. Sé original. 103
9. Sé disciplinado 109
10. En paz contigo mismo 117
11. Un encuentro inesperado. 125

EPÍLOGO. 141

1

CUANDO LA SUERTE SONRÍE A UN MUCHACHO DESESPERADO

Un muchacho tenía grandes ambiciones.

En realidad, tenía sobre todo una, muy sencilla y bastante común entre los de su generación: quería ganar un millón.

No pedía nada más: un simple millón.

«Su» primer millón, solía repetir a quien quisiera escucharlo cuando soñaba en voz alta.

(Curioso posesivo, si nos paramos a pensar: ese millón no podía ser de nadie más si se lo ganaba con el sudor de su frente, o aunque fuera gracias a su ingenio.)

«Después, ganar otro será un juego de niños», pensaba.

Es posible, pero todavía tenía que conseguir ese millón.

Aunque tenía grandes sueños, sus medios para hacerlos realidad eran bastante limitados; al menos eso creía.

Trabajaba de chófer de limusina. Calculó que con su sueldo, de veinte mil dólares al año, y a pesar de las generosas propinas, nunca conseguiría su objetivo, a menos que viviera y trabajara hasta los ciento cincuenta años, lo que le deprimía bastante. Gracias a una autodisciplina sorprendente para un joven de veintiún años, había conseguido ahorrar casi diez mil dólares.

Pero entre diez mil dólares y un millón hay... la enorme distancia que separa a los millonarios del común de los mortales.

Tenía un plan, o, mejor dicho, un sueño: hacerle una oferta a su jefe, viudo y sin hijos, para comprarle su empresa. Pero prefirió evitarse una humillación: sin duda, su jefe se burlaría de la irrisoria propuesta. Diez mil miserables dólares, ahorrados con el sudor de su frente, y con mucho mérito, pero aun así... Con las veinte limusinas y su volumen de negocios, la empresa debía de tener un valor de... Prefería no saberlo...

Si al menos hubiera podido pedirles algo de dinero prestado a sus padres. Pero, por desgracia, habían muerto cinco años atrás en un terrible accidente de coche, en el que milagrosamente a él no le pasó nada. Hasta que no le llega la hora a uno... El poco dinero que le dejaron apenas fue suficiente para pagar la incineración y los tres primeros meses del piso que alquiló.

Renunció de inmediato a seguir estudiando, lo que tampoco le gustaba demasiado, pues la ambición le impedía quedarse sentado escuchando las clases. Dejó su pueblo natal y se marchó a Nueva York.

Estaba seguro de que la Gran Manzana era el mejor lugar para hacer fortuna. Pero en cinco años no había avanzado mucho y su sueño de conseguir su primer millón cada vez le parecía más difícil. Quizá, como les había pasado a muchos otros, se había engañado sobre su capacidad para conseguir su objetivo y sobre lo difícil que era hacerse millonario.

Para colmo, casi todos los días llevaba a millonarios en la limusina, lo que no le ayudaba a ser paciente.

Esos millonarios no parecían muy diferentes de él.

También tenían preocupaciones y momentos de tristeza y alegría. Los escuchaba cuando hablaban por el móvil con un socio, con el contable, con la esposa, o la amante. A veces también le contaban sus preocupaciones; pues su «insignificancia» lo convertía en el confidente perfecto.

Muchas veces pensaba en preguntarles cómo habían conseguido su fortuna. Pero, quizá por su origen humilde, nunca se atrevía.

Además, si realmente existía el secreto de la riqueza, ¿por qué se lo iban a revelar a un tipo al que no volverían a ver, aunque tuviera algunos clientes fijos con los que había conseguido cierta confianza? Pero ¿se consigue realmente confianza con alguien que gana cien veces menos? Puede que a sus clientes les pareciera ridículo, o al menos fuera de lugar, que un simple conductor de limusina les hiciera ese tipo de preguntas, como si tuviera la estúpida pretensión de pertenecer algún día a su selecto círculo de amistades. Por otra parte, debido a su trabajo, se había acostumbrado a no hacer preguntas y a limitarse a responder a las que le hacían.

De todos modos, creía que había una clara barrera entre sus clientes y él, como el cristal que separaba la parte de delante y la de atrás de la limusina. Él era el chófer sin carrera y sin amigos de la alta sociedad, ellos eran personas importantes, los ricos.

Sin embargo, un día ocurrió algo que le hizo albergar esperanzas. Su jefe le dijo que un hombre famoso había pedido los servicios de la empresa, nada menos que «el Millonario», ese rico excéntrico de Hampton que tenía fama de ser generoso con las propinas y también con los consejos; su chófer se había encontrado mal en la puerta del hotel Plaza y debía ser reemplazado de inmediato.

«¡Ésta es mi oportunidad!», se dijo el muchacho.

No obstante, a pesar de una sonrisa que invitaba a la conversación por parte del Millonario, no se atrevió a dirigirle la palabra en todo el trayecto. Le impactaba su presencia, su extraordinario carisma. También es cierto que la profundidad de su mirada penetrante bajo esos ojos azules lo dejó helado; tenía la sensación de que el Millonario podía ver lo que estaba pensando, como si su alma no tuviera secretos para él.

De regreso a la oficina, se arrepentía amargamente. «¡Qué imbécil he sido! He estado casi una hora a solas con el Millonario, que tiene fama de gustarle filosofar con los jóvenes y no le he hecho ni una sola pregunta, aparte de pedirle la dirección cuando me ha dicho que lo llevara a casa. ¡Y eso que él me ha dado pie cuando me preguntó cómo estaba! Pero sólo he sido capaz de decir estúpidamente que bien, ¡con los años que hacía que esperaba una oportunidad como ésta y la desperdicio como si fuera un estúpido!»

Se regocijaba en su frustración cuando, por la tarde, mientras limpiaba la limusina, como solía hacer al terminar la jornada, se dio cuenta de que el Millonario había olvidado uno de sus guantes en el asiento, el de la mano izquierda, un guante de cuero precioso, fino, ya que era el mes de mayo.

«Es una señal», pensó. Después de leer, quizá con poca profundidad, algunos libros de moda, veía señales por todas partes, incluso donde no las había. «¡Ahora sí que tengo que aprovechar la oportunidad!» Examinó el guante, lo palpó con cierta excitación y no resistió la tentación de ponérselo. Era de su talla, le iba perfecto, como si siempre le hubiera pertenecido, y, por supuesto, vio en eso otro guiño del destino. «¡Las casualidades no existen!»

Por otra coincidencia singular, al día siguiente tenía fiesta; puede que esta vez se atreviera a pedirle un consejo, o, mejor todavía, el pequeño préstamo (quizá no fuera tan pequeño) que necesitaba para poder hacerle una buena oferta a su jefe, pues había oído que tenía ganas de vender la empresa.

Poco después de amanecer, para evitar los habituales atascos de la ciudad, se subió a su jeep –no podía conducir la limusina fuera de su horario de trabajo– y se dirigió hacia la casa del Millonario.

Ante la imponente verja adornada con rosas metálicas, en la entrada de la mansión del excéntrico filántropo no había ningún vigilante, igual que la tarde anterior. «¡Es mi oportunidad!», pensó. Pero, de pronto, le invadió un repentino desánimo y ya no vio en las coincidencias unas señales del destino. «¡Yo me lo guiso y yo me lo como! ¡Tengo demasiada imaginación!»

Pero en ese momento se dio cuenta de que la verja no estaba cerrada. Tras dudar un instante, decidió abrirla del todo, subió al jeep y, emocionado, se dirigió hacia la mansión del Millonario, sin detenerse, como hizo el día anterior por equivocación, en las casas destinadas al personal del servicio doméstico o a los invitados.

Aunque era la segunda vez en menos de veinticuatro horas que veía aquel lugar, sintió el mismo impacto. Era un verdadero castillo, con sus innumerables ventanas, torreones, chimeneas de piedra. Y lo que hacía que esa mansión fuera única o, en todo caso, extraordinaria era que no sólo estaba al borde de un estanque, sino que estaba rodeada por un magnífico campo de golf. El hoyo dieciocho se veía desde la puerta principal, como si fuera una especie de invitación para los huéspedes del riquísimo filósofo.

De hecho, curiosamente, se habían dejado una bolsa de golf –ya que no se veía a ningún jugador– en el amplio césped, tratado con evidente esmero, y también podía ver una pelota y un palo, a unos pocos pasos del banderín, que la brisa matinal agitaba ligeramente.

«Es curioso, ¿Le habrá ocurrido algo al viejo Millonario? ¿Por qué habrá dejado la bolsa y el palo?», pensó con cierta preocupación.

Paró el jeep frente a la puerta principal y, tras dudar un instante, con el guante izquierdo del Millonario en la mano, llamó a la puerta. No abrió nadie. Volvió a llamar, pero tampoco acudieron. Era imposible que todos estuvieran durmiendo. Eran casi las nueve, y aunque el Millonario estuviera durmiendo, ya tenía que haberle abierto algún sirviente.

Llamó por última vez, sin demasiadas esperanzas, y tampoco vino nadie a abrir. No sólo había hecho el viaje en vano, sino que encima no vería al Millonario... Estaba claro que no era su día de suerte... Entonces se dio cuenta de que la puerta estaba entreabierta, como si el Millonario y sus empleados hubieran tenido que salir precipitadamente...

«Le dejaré el guante dentro y seguro que encuentro algo para escribirle una nota con mi número de teléfono. Seguramente me llamará para darme las gracias...», pensó.

Dudó por un instante, pues no era muy acertado entrar de ese modo en la casa de un millonario, aunque tuviera un buen pretexto; pero acabó entrando. Cerró la puerta tras de sí y se quedó inmóvil durante unos instantes en el vestíbulo, contemplando aquel fastuoso lugar.

Luego reaccionó y recordó por qué se encontraba en el interior de la mansión del Millonario.

Avanzó unos pasos; se extasió ante la imponente escalera, que conducía al primer piso, miró con detenimiento los múltiples retratos que la adornaban. Había uno del Millonario. Tuvo la sensación de que la mirada del retrato no aprobaba su presencia.

Atravesó el amplio salón, luego el comedor. Sin saber por qué, se sintió atraído hacia una puerta. La abrió y tras ella se encontraba la formidable biblioteca del Millonario, que, como toda biblioteca que se precie, tenía una pasarela en la parte de arriba a la que se accedía por medio de una escalera de caracol.

En el centro de la biblioteca, junto a un busto de Sócrates, había una mesa grande. No distinguía si era de caoba o cerezo. Pensó que ahí seguro que encontraría algo para escribir. Se acercó y no pudo resistir la tentación de sentarse.

Para un joven ambicioso como él, era difícil no tomar asiento frente a aquella mesa, aunque sólo fuera durante unos segundos, pues sin duda era el mismo lugar desde el que el Millonario dirigía –o había dirigido, pues a su edad era probable que ya se hubiera jubilado– sus negocios. Seguro que ahí mismo había cerrado tratos muy lucrativos. Se sintió embriagado y se imaginó que era un hombre de negocios importante, que había conseguido comprarle a su jefe su empresa de alquiler de limusinas y que había doblado el volumen de negocios. En su imaginación, gracias a los enormes beneficios, también pudo comprar otras sociedades, que, en sus hábiles manos, también prosperaron.

Descolgó el teléfono, se lo acercó al oído, como seguramente tantas veces había hecho el Millonario, hizo ver que solucionaba un problema y colgó de nuevo. Tomó la pluma Mont-Blanc, buscó una hoja de papel, encontró un bloc de notas, arrancó una y escribió como si se tratara de una nota importante. Había también una agenda de cuero negra, o una especie de portafolios, que se cerraba con una cinta negra y que dejaba ver un buen montón de hojas. Deshizo la cinta, pero no sabía si debía seguir. Estaba siendo demasiado indiscreto, lo que sin duda no aprobaría el Millonario si llegaba a enterarse. Pero, como si su mano tuviera voluntad propia, abrió el portafolios.

Lo que leyó en la primera página del montón de papeles lo dejó estupefacto, y sus ojos de inmediato se llenaron de lágrimas.

2

ELIGE CON CUIDADO TU CARRERA

Estaba claro que algo le había pasado al Millonario. Estaba seguro. De lo contrario, ¿cómo explicar que no hubiera vigilante en la entrada, ni nadie en la casa y que hubieran dejado abierta la puerta de la entrada?

Algo le había ocurrido al Millonario...

Le dio un ataque al corazón o tuvo una conmoción cerebral cuando estaba acabando de jugar su partida de todas las mañanas, por eso estaban tirados el palo y la pelota en el hoyo dieciocho.

Llegó a esta rápida y sorprendente conclusión no sólo porque no había nadie en la mansión, sino también porque en la primera página del montón de papeles estaba escrito, con letra elegante y un tanto temblorosa, lo siguiente: MI TESTAMENTO.

Todo encajaba perfectamente; el Millonario, que tenía fama de ser intuitivo, sintió próximo su fin y creyó que tenía que actualizar o completar su testamento.

Y por una extraña coincidencia, el Millonario acertó; aunque se dice a menudo que casi siempre uno adivina cuándo le llega el momento de dejar este mundo. La muerte vino a buscarlo, como si la hubiera llamado y ella le hubiera obedecido.

No paraba de llorar; inexplicablemente, porque sólo conocía al Millonario de oídas y no había pasado más de una hora con él, una hora, por cierto, estúpidamente silenciosa. Y su llanto no sólo era porque ya no podría pedirle un consejo ni un préstamo; tenía la extraña sensación de haber perdido a alguien que conocía desde hacía tiempo. Casi a un padre.

¿Por eso se permitió mirar con total indiscreción la primera página del testamento? ¿O sólo era por la curiosidad de ver qué ponía en el testamento de un hombre tan rico y famoso como el Millonario? Una curiosidad que avivaba el singular formato del testamento, que debía de tener unas sesenta páginas, o más.

Pero, curiosamente, en la segunda página no había nada sobre herederos ni legados o su última voluntad; sólo unas palabras: LA ELECCIÓN DE UNA CARRERA.

Atónito, empezó a leer:

Es tarde, las once y media, quizá las doce, y estoy sentado en mi estudio, como suelo hacer desde hace años. Ya no necesito dormir más de cuatro o cinco horas, lo que me deja mucho tiempo para pensar. Y para escribir. La casa está en silencio, todos se han ido a dormir... He cenado algo ligero, siguiendo el dicho de que hay que comer como un rey y cenar como un pobre, consejo sobre todo útil para un viejo estómago como el mío. A mi lado humea una taza de té con un aroma sutil que se mezcla con el de mis rosas, mis últimas compañeras.

El muchacho dejó de leer en ese momento.

Efectivamente, en una esquina de la mesa había un jarrón lleno de rosas en el que no se había fijado.

Continuó leyendo febrilmente, todavía sorprendido por descubrir un testamento muy diferente de lo que esperaba.

Me encantan estas horas en las que estoy solo y puedo pensar con tranquilidad.

Pero esta noche quiero hacer algo diferente. Mi interior me dice que no escriba mis memorias, como sería lo lógico en un hombre de mi edad, sino que haga mi testamento, y yo nunca he querido contradecir a esa voz interna. No me refiero al banal documento legal que ya hice hace tiempo y que continúa tal cual. Es curioso, toda nuestra vida y, a pesar de que uno tenga un excelente nivel económico, los problemas relacionados con el dinero nos acompañan como si fueran nuestra sombra, aunque la mayor parte de la gente cree que no es así. Pero, como decía, no me refería a ese tipo de testamento, sino al espiritual.

Puede que éste sea el modo en que mi voz interior me está avisando de que se acerca la hora en la que tendré que cultivar mis queridas rosas en los jardines celestes. Aunque puede que con esto sólo me esté diciendo que recibiré dentro de poco una visita, una visita a la que, por caprichos del destino, no tendré tiempo de decirle todo lo que me gustaría.

Sí, puede ser.

Pero también es posible que la angustia ante la muerte esté guiando mi pensamiento. Sin embargo, cuando pienso en la muerte, aunque no me hace ninguna ilusión, tampoco le temo, en absoluto. Si no hay nada después de la muerte, no tengo por qué preocuparme, pues ya no seré nada, ya que no tendré conciencia, y si hay algo, entonces morir no es más que pasar a otro estado, despertarse después de un largo sueño, y mi preocupación es tan ridícula como la de un niño que, al irse a dormir, tiene miedo de no despertarse por la mañana, como decía Sócrates.

Desde que me he puesto a escribir con mi vieja pluma, tengo la sensación de que la imagen de este visitante se fija en mi espíritu, de modo que me siento con la necesidad, o casi la obligación, de dirigirme directamente a él...

Sí, yo... te veo casi como si estuvieras ante mí en carne y hueso, como si fueras el hijo que, por desgracia, nunca he tenido...

Te imagino joven, como yo lo fui, como ya no lo volveré a ser, salvo por mi espíritu –y no me intento consolar tontamente, ya que en eso consiste precisamente la juventud y es el trampolín de toda empresa, pero ya hablaré de eso más tarde–.

Antes quiero decirte algo: cuando acabes de leer estas líneas, comprenderás hasta qué punto la filosofía es necesaria para alcanzar la felicidad, mucho más que el dinero, que la gloria e incluso que los amigos que ganamos y perdemos durante nuestra vida. Platón quería que los filósofos fueran reyes y los reyes filósofos. Te digo una cosa: si quieres ser el rey de tu vida, el dueño de tu existencia, sé filósofo; de lo contrario, conocerás el mismo destino que la mayor parte de las personas, que pasan por la vida sin conocerse nunca realmente y, por eso mismo, sin poder encontrar la llave secreta de la felicidad.

Para mí –y siempre he intentado seguir este principio– la riqueza sin la felicidad no vale nada, es algo vacío, sin valor, y creo que tiene mucho más valor la sencilla felicidad de un hombre que ha perdido todo su dinero que la vanidad que vemos todos los días, en los que intentan disimular el vacío de sus vidas con lujosos juguetes.

Pero volvamos a ti...

Te veo, gracias a la luz de mi interior, esa luz que me ha iluminado tantas veces pero nunca me ha deslumbrado.

Tienes unos veinte o veintiún años, estás ansioso, lo que es totalmente normal, no te preocupes.

El muchacho se estremeció al leer estas palabras. Tuvo la sensación de que el hombre realmente lo veía, o en todo caso había previsto su visita y se dirigía a él.

Eres muy ambicioso, pero al mismo tiempo te preguntas qué camino debes seguir en tu vida. No sabes si podrás realizar tus sueños o simplemente se trata de quimeras que no llegarán a nada y que un día u otro tendrás que olvidar.

Te preguntas qué carrera debes seguir.

Pues bien, éste es el primer consejo que te doy: si realmente eres tú quien elige tu carrera y no ella la que te elige a ti, como ocurre con demasiada frecuencia, elígela con cuidado, con la seriedad que requiere una tarea de tal importancia, como si tu vida dependiera de esa elección. En realidad, así es, depende mucho más de lo que imaginas.

Te lo demuestro con un simple cálculo matemático. Nos pasamos la tercera parte de nuestra vida durmiendo, por lo que nos quedan dieciséis horas para nosotros, y, como trabajamos ocho, nos pasamos como mínimo la mitad del tiempo que estamos despiertos trabajando. Si no te gusta el trabajo que haces, o si lo haces sólo para conseguir dinero, ¿crees que llegarás a ser feliz? Esas ocho largas horas, durante cinco días por semana, en total cincuenta semanas por año, arruinarán tu vida, por ganártela de ese modo.

Una decisión equivocada a la hora de elegir tu carrera te puede conducir al fracaso.

Nunca he conocido a alguien que tuviera éxito y no le gustara su trabajo.

Si eliges mal puedes tener una doble decepción: no sólo te amargarás y amargarás a los que te rodeen, sino que, para colmo, tampoco conseguirás ser rico: ¡triste ironía! Te habrá faltado capacidad de discernir.

Puede ser que no estés seguro de la elección de tu carrera. Cuando piensas en la profesión que te gustaría tener, dudas como duda el caminante en un cruce de dos caminos; no tienes nada claro y no sabes por cuál de los dos decantarte, pues ninguno te gusta de verdad...

No importa, todavía eres joven.

Tranquilo.

Mira hacia tu interior.

Aunque un lago sea profundo, podemos ver el fondo si el agua está tranquila, ¿nunca te has fijado? Entonces, durante un tiempo al menos (y si me crees, durante el resto de tu vida), huye de la agitación, tan frecuente en nuestra época; permítete escuchar la voz que surge de ese silencio fecundo que ilumina cualquier decisión importante.

Presta atención a tu voz interior, que siempre está ahí, dispuesta a aconsejarte si te dignas a escucharla.

«¿Qué me espera en el futuro?», te preguntas angustiado.

Para descubrirlo, consulta la mejor bola de cristal que existe: tus deseos.

Sí, para conocer tu futuro, examina tus deseos más profundos, los que persisten.

Son lo que tú eres y, sobre todo, lo que tú serás. Son el índice de tus virtudes, de tus talentos todavía inexpresados.

No querrías ser dibujante, vendedor o empresario si no tuvieras en lo más profundo de ti las cualidades necesarias para tener esa profesión. Esas cualidades están en ti, latentes, esperando tu voluntad, tu valor y tu perseverancia para crecer y surgir un día.

Por favor, no cometas ese error tan frecuente de negar tus deseos más profundos.

Sin duda conoces, como todo el mundo, la expresión «crimen contra la humanidad».

Pero, ¿y el crimen contra el hombre?

No hablo de un asesinato en primer o segundo grado. Hablo del crimen que, por desgracia, se comete a diario y generalmente queda impune, sobre todo porque a menudo es inconsciente y generalmente admitido: el crimen contra el hombre interior, que siempre comete el hombre social, el crimen contra el niño que hay dentro de ti y que un día tenía sueños, pero que tú los has negado, o has dejado que otros los negaran; lo que no es mejor, no lo olvides, aunque acuses a los demás, porque seguro que, al fin y al cabo, has sido tú quien lo ha permitido.

Cuando renuncias a tus propios deseos, cuando dejas que los demás hagan añicos tus sueños, estás negando tu propia luz. Y nunca debes disminuir tu luz, si no, ¿cómo quieres que ilumine tu vida? ¿Y cómo quieres que ilumine la de los demás?

El muchacho dejó de leer durante un instante y levantó la cabeza. De nuevo tenía la sensación de que el viejo Millonario se dirigía a él, directamente, como si lo conociera a la perfección, y siguió leyendo:

Pero puede que no dudes con respecto a la carrera que debes hacer. Si es así, tienes suerte. Tienes suerte de saber a tu edad lo que quieres hacer, a pesar de ser tan joven. Eso es una buena señal.

Sólo permíteme que te diga algo...

Dentro de ti y a tu alrededor, hay muchas voces discordantes que te aconsejan que no te separes de los caminos ya trazados, aunque vayas contra la voz de tu corazón...

Y la voz que escuchamos normalmente, sobre todo si sueñas con sacar adelante tu propia empresa, o peor todavía, si quieres hacer una carrera artística, es la del sentido común, literalmente, que repiten sin darse cuenta la mayor parte de tus amigos y tus padres, evidentemente. Es una voz tan banal, tan extendida, que todos la hemos confundido alguna vez con la voz de la razón.

Y lo que esta razón quiere es que elijas una profesión que te dé seguridad, a ti y a tu familia, que te garantice una subsistencia honesta.

¿Pero podrás sentirte bien trabajando durante toda tu vida en algo que sólo te sirve para pagar las cuentas?

¿Y qué será de tus sueños?

Puede que cuando estés a punto de morir sientas que la sociedad te ha engañado, porque tus profesores, tus padres y tus amigos te han obligado a renunciar a tus sueños y a seguir al rebaño. Quizá te avergüence pensar que en tu tumba se podría escribir el epitafio: «Aquí yace un hombre que se dejó influir por la sociedad y que prefirió renunciar a sus sueños». ¿No preferirías que tus descendientes leyeran en tu tumba: «Aquí yace un hombre que vivió su vida a su manera, que siguió sus sueños hasta el final, a pesar de todo»?

¿Acaso eres un hombre sin voluntad propia, un simple cuerpo que necesita que lo protejan y que decidan por él? No, y lo presientes, estoy seguro. En realidad, dentro de ti hay una luz tan potente que es capaz de eclipsar la del sol que atraviesa a diario nuestro cielo. ¿Y tú quieres mantenerte a oscuras?

«¿Pero y tu seguridad? ¿Has pensado en tu futuro?», repiten sin cesar tus padres.

Pero ¿de qué sirve la seguridad de un hombre que, a los cuarenta o cincuenta años, es despedido por un jefe al que le ha dedicado diez o veinte años de su vida? ¿Ese hombre no se encuentra en una situación mucho más precaria que la del otro que, desde joven, decidió ser su propio jefe, que se ha convertido en un verdadero lobo (en el buen sentido de la palabra), que desde hace años está acostumbrado a buscarse la vida cada día para conseguir trabajo, y, por eso mismo, su propio sueldo? ¿La verdadera seguridad no es la que sólo depende de uno, de su propio esfuerzo, y no de la bondad o del capricho de alguien? ¿Cuál de los dos hombres se encuentra en peor situación cuando la fortuna no le sonríe?

Si actualmente no estás haciendo lo que te gustaría hacer, ¿te has preguntado en serio, honestamente, por qué has aceptado hasta ahora esta situación?

Soy consciente de que diciendo estas cosas me dirijo a los que el gran escritor francés Stendhal llamaba «los pocos felices», esas pocas personas, y es cierto que en nuestra época la felicidad se ha convertido en algo original. Lo admito, puede que lo que diga sea algo excepcional, pero lo convencional ya tiene demasiados paladines, y no creo que yo provoque más controversia de la que provocó el libro de Goethe *Las desventuras del joven Werther*. Creo que en lugar de provocar suicidios, provocará resurrecciones: pues ¿cuántos hombres no son auténticos muertos vivientes? ¿No es mejor caminar sin miedo que quedarse tumbado, impotente, por miedo a romperse una pierna?

Me dirijo a los de espíritu libre o a los que escuchan el futuro, no lo niego.

Si tiemblas de miedo al pensar que un día podrías vivir, y vivir muy bien, incluso como un rey, haciendo sólo lo que te gusta, si esto te parece inconcebible, este testamento no es para ti.

Pero algo me dice que si el destino ha querido que estas páginas estén en tus manos, no es por casualidad. Es que en ti se encuentra más desarrollado que en los demás, más cerca de explotar, el germen magnífico de la grandeza.

Y esta grandeza, lo sepas o no, eres tú.

No sepultes tu talento, porque puedes pudrirte como él.

Me gustaría que tomaras tus decisiones, eligieras tus caminos, con respecto a tu futuro y a tu profesión, *sub specie aeternitatis*. Es latín, perdona pero no voy a hacer como algunos autores, te lo voy a traducir: bajo el prisma de la eternidad.

Sí, bajo el prisma de la eternidad.

¿Qué es lo más importante para ti?

¿Cuál es tu contribución más preciosa?

¿Cuál es tu piedra más preciosa y sobre todo la que puedas aportar tú solo a la magnífica catedral de la Vida?

Si coincide con la que la sociedad, la que tus padres quieren para ti, estupendo, has tenido suerte...

Pero si es diferente, me gustaría que optaras por ella... ¡Bajo el prisma de la eternidad!

Aunque te parezca más temeraria, más insegura, insensata, pues es la única que te permitirá expresar tu verdadera grandeza.

3

VENCE AL DEMONIO DEL MIEDO

Ya has tomado una decisión, ahora sabes lo que quieres hacer.

Pero el miedo te atenaza, no te atreves a lanzarte.

Quizá has escuchado demasiado a la gente que te rodea.

No me extrañaría, es lo normal.

Descartes dijo que el sentido común era lo más compartido del mundo.

Yo creo que es el miedo.

El noventa por ciento de las personas –y creo que soy generoso– se dejan llevar por el miedo. Puede que no te des cuenta, como el pez no se da cuenta de que vive en el mar, porque nunca ha conocido otra cosa.

Te voy a dar una prueba de que no estoy tan equivocado sobre ese triste porcentaje.

Llega una mañana a la oficina y di: «Estoy muy deprimido, creo que no voy a ser capaz de sacar adelante mis proyectos».

Probablemente nadie te llevará la contraria, todos pensarán que estás siendo sincero y que dices la verdad porque... es negativo.

Ese sentimiento oscuro, negativo, es el más habitual en las personas.

El millonario huye de esa negatividad, la evita con todas sus fuerzas, y siempre intenta ser positivo, pues desde hace tiempo ha comprendido la antigua ley de la riqueza: el pensamiento determina el éxito.

Muchas personas no son conscientes del poder de nuestros pensamientos.

«Es invisible, por eso no existe», se dicen.

Y sin embargo, el viento tampoco es visible y tiene una fuerza impresionante.

Imagina que tu cabeza es como un gran tazón y tus pensamientos son los perfumes que viertes a diario. Y esos perfumes, quieras o no, se impregnan de todo lo que te rodea. ¿Desprenden aroma de rosas o huelen mal?

Te lo aseguro, todos te darán la razón si una mañana llegas desanimado. De hecho, y es realmente deprimente, muchos se alegrarán en silencio de tu malestar y se dirán: «Yo ya sabía que no le saldría bien, que no lo conseguiría...».

En realidad no lo sabían, simplemente... lo deseaban.

Pero si en cambio dices: «Nunca me he sentido mejor. Estoy seguro de que mis proyectos van a salir bien».

Enseguida los demás pensarán: «¿De qué va? ¿A quién quiere impresionar? ¿Qué mosca le ha picado para que se esté dando esos aires?».

¿Por qué?

Simplemente porque es... positivo.

Porque es un pensamiento positivo, y eso a la mayor parte de la gente no le gusta, le molesta.

No hagas lo mismo que esas personas.

En lugar de eso, actúa como si ya fueras millonario.

Sí, eso es, ¡compórtate como si ya fueras millonario!

No quiero decir que te gastes en cualquier tienda una cantidad que no puedas permitirte o que llegues hasta el límite de tu tarjeta de crédito. No, lo que quiero decir es que tienes que cultivar en tu interior esa rara, magnífica y necesaria tranquilidad del verdadero millonario. Para que te sea más fácil, imagínate que ya tienes un millón de dólares en tu cuenta...

«Tu» millón...

El muchacho tembló ante esta nueva coincidencia.

Si ya tuvieras ese millón, ¿cómo te sentirías?

¿Más tranquilo, más optimista, más seguro a la hora de tomar algún riesgo?

¿Todavía dudarías de llevar a cabo ese proyecto que acaricias desde hace meses, desde hace años, porque tienes miedo de perder algo de dinero?

¿Dudarías a la hora de tomar esa decisión, de dejarlo todo?

¿Te daría miedo perder la seguridad que tienes?

No.

Pues bien, actúa como si ya tuvieras ese millón... ¡es la mejor manera de tenerlo de verdad!

¿Y el dinero que te falta para empezar?

¡Lo encontrarás!

Igual que aprendemos a nadar tirándonos al agua y no quedándonos en la orilla leyendo un tratado de natación, el camino sólo se hace al andar... Entonces, ¡mejor empieza a andar!

Cuando uno es audaz recibe recompensas inesperadas y que, en todo caso, nunca habría conseguido si no hubiera hecho nada, si se hubiera quedado parado, paralizado por el miedo a fracasar.

No te preocupes, ya encontrarás ese dinero.

Siempre se encuentra cuando uno está seguro de que lo encontrará.

Yo empecé de limpiabotas en Wall Street.

Y me han prestado (es una forma de hablar, por supuesto, pues me pertenece) una fortuna de ochocientos millones. Créeme, el dinero es secundario.

Mejor que no te devanes los sesos buscando cómo conseguir ese dinero que necesitas para empezar.

En ti hay un banquero oculto, el banquero interior, como yo lo llamo.

Se ocupa de tus intereses, y no es un juego de palabras.

Se ocupa constantemente, día y noche, sin que te des cuenta.

Pero con ciertas condiciones.

No mira, como hacen los banqueros corrientes, el dinero que tienes en tu cuenta, los ingresos, tus deudas o tus fracasos pasados; no, para hacer el balance y, sobre todo, para darte ese dinero que necesitas para seguir adelante, lo único que mira, y lo mira escudriñando en ti, es tu seguridad de que lo vas a conseguir, tu confianza de que un día serás millonario.

Si ve una falla en tu seguridad, enseguida se echa atrás, y esta duda que muestras en tu interior con respecto a tus posibilidades de éxito, enseguida la siente y la comparte: y tú pagas el precio. Ese banquero sólo actúa como un espejo, y sólo abre su caja infinita con ciertas condiciones: como los banqueros corrientes, sólo presta a los ricos, pero en este caso a los que son ricos interiormente. ¿Eres un mendigo que pide para poder salir de la miseria, o un rey que exige un préstamo para aumentar su reino?

Ve más lejos, y comprende que no tienes que pelear con tu banquero interior, pues tú y él sois la misma persona.

Como Verlaine recomendaba hacer con elocuencia, retuércele el cuello al miedo. En lugar de desperdiciar tu ingenio en ordenar todas las razones por las que no conseguirás tu objetivo, todos los obstáculos que puedes encontrar, dedica tu tiempo al convencimiento, a la sensación, a la seguridad de que todo lo que te propongas lo vas a conseguir.

Todas las mañanas, todas las noches, al acostarte, y aunque las cosas no hayan salido como tú esperabas ese día, piensa, como si fuera tu lema, tu amuleto: «Consigo todo lo que me propongo».

Repite estas palabras hasta que formen parte de ti, hasta que sean tú, pues en realidad, las palabras que viven en ti, que te obsesionan, no son más que tú mismo.

Las palabras que pronuncias y los pensamientos que repites forman parte de tu alma. Y aunque nadie los vea ni los escuche, aunque nadie note su presencia, la Vida sí, siempre los ve y los escucha. Y si son palabras y pensamientos de rey, a pesar de tu actual condición, te tratará como a un rey y te brindará fortuna y éxito.

Examina con detenimiento lo que hay en tu corazón, y si no te gusta lo que ves, cámbialo de inmediato. Elimina los pensamientos negativos y serás testigo de la sorprendente metamorfosis que ocurrirá en tu vida de inmediato.

Al menos intenta durante un tiempo, unos días, unas semanas, vivir repitiéndote sólo una frase que puede parecer sencilla, pero que poca gente es capaz de mantener: «Tendré éxito».

Antes de ir más lejos, haz ese examen que te digo, que tendrás que hacer regularmente y que exige la mayor honestidad que existe: la honestidad hacia uno mismo.

Pregúntate: «¿Cómo me siento en este momento?».

¿Deprimido?

¿Contrariado?

Esto les ocurre, sobre todo, a todos los que se pasan la vida aplazando el momento en que harán lo que realmente quieren hacer: no es raro que casi siempre se muestren impacientes y contrariados.

¿Amargado?

¿Decepcionado?

¿Angustiado?

¿Envidioso?

Si es el caso, si has dejado que estos sentimientos se apoderen de ti, ¿al menos te das cuenta de que puede que no sean naturales, que no tienes por qué aceptarlos y que simplemente te has acostumbrado a sentirte así?

«¿Cómo me siento en este momento?»

¿Optimista?

¿Confiado?

¿Tranquilo?

¿Exaltado?

¿Agradecido?

¿Alegre?

¿Libre?

Si estos pensamientos no ocupan tu vida a diario, ¿al menos te has preguntado por qué?

¿Has tomado las medidas adecuadas para que estos pensamientos florezcan naturalmente en tu interior como cuando plantas un rosal?

Y si nunca lo has hecho, ¿cómo puedes pensar que un día tendrás éxito?

¿Has olvidado que eres al mismo tiempo el jardín y el jardinero; que el trigo crece más cuando se siembra con confianza que cuando se hace con temor?

¿Te das la oportunidad de ser afortunado?

¿Dejas que los demás utilicen el poder de la Palabra contra ti?

No sé si juegas a golf, pero si lo haces, sabrás como yo que cuando estás preparado para tirar la pelota, si crees que no va a entrar en el hoyo, es muy posible que de verdad no entre, aunque estés muy cerca. En cambio, si estás seguro de que va a entrar, aunque estés muy lejos, aunque sea un tiro difícil, multiplicas enormemente y casi de forma mágica las posibilidades de conseguirlo.

En realidad, los buenos jugadores de golf están algo locos, pues su razonamiento desafía los cálculos de las estadísticas. Matemáticamente, ¿cuántas posibilidades tienen de acertar meter la pelota en el hoyo desde sesenta metros? ¿Un uno por ciento? ¿Quizá un cinco por ciento si son muy buenos? Sin embargo, cuando necesitan conseguirlo para ganar el torneo, llegan a convencerse de que pueden hacerlo, no ven otra cosa que la pelota entrando en el hoyo que casi no distinguen por la distancia, y la pelota les obedece como por arte de magia. La locura –y ésa es la bella paradoja del éxito– es su razón, mientras que la sabiduría del golfista más razonable lo conduce al fracaso.

Si un día quieres conseguir la mentalidad de un millonario, imprescindible para tener éxito, no importa en qué sector vayas a trabajar, tienes que conseguir esa locura, tienes que buscarla y cultivarla: es tu arma secreta.

Cuando empiezas en la vida –o en cualquier empresa– es como si tuvieras ante ti diez puertas.

Nueve de ellas conducen al fracaso.

Sólo una lleva al éxito.

Pero, por supuesto, no sabes cuál de ellas es.

Angustiante, ¿no te parece?

Así es si piensas como todo el mundo, por eso casi todos se quedan como están, porque tienen miedo de abrir la puerta equivocada.

Pero el verdadero millonario –en potencia o realizado– ignora de tal modo las nueve puertas del fracaso que, por una misteriosa alquimia, las hace desaparecer, y ante él sólo tiene un pomo de oro, que brilla como el sol y que abre la puerta del éxito.

Pero en realidad, no se trata de ningún milagro, y si verdaderamente hay algún milagro, éste es el del pensamiento, pues todos somos lo que nuestra mente crea.

Pregúntate: «¿Y si el miedo es lo único que no me permite alcanzar mis objetivos? ¿Y si bastara con eliminar ese miedo para que todo fuera fácil, un juego de niños?».

Quizá es mejor que me lance...

Mejor que haga algo...

De ese modo, entre tus proyectos y tus pensamientos profundos –o tu subconsciente– no habrá ninguna contradicción.

Cuando Aníbal entró en Roma, pensó que para sorprender al enemigo podía utilizar treinta y siete elefantes, los animales más impresionantes que hubieran visto los soldados romanos.

Pero el brillante general también sabía que los paquidermos, a pesar de su tamaño, se asustaban fácilmente y podían pisotear a sus propias tropas. Entonces ordenó que los que montaran sobre los elefantes llevaran un punzón y un martillo, y que cuando el animal intentase retroceder, lo frenaran dándole un solo golpe en la cabeza.

Tu subconsciente es como los elefantes de Aníbal. Tiene un enorme poder... cuando va en la dirección adecuada.

Pero si te dejas llevar por el miedo o dejas que el enemigo te asuste, ese elefante se vuelve contra ti y pisotea todos tus proyectos.

Tú también necesitas el punzón y el martillo. Tienes que estar siempre atento para apartar el miedo y caminar convencido hacia esa Roma que buscas desde hace tiempo. También puede ser que te dejes impresionar no por el miedo al fracaso, sino por el éxito que han conseguido otros.

Por ejemplo, miras la envergadura de ciertas empresas y te parece que el camino que tienes que recorrer es muy largo. Pero, como dice Lao-Tsé: «El viaje más largo comienza con un solo paso».

A menudo, esas empresas que tanto te impresionan también empezaron de forma modesta.

Soichiro Honda, el fundador de la marca automovilística del mismo nombre, al principio sólo tenía un taller de reparación de bicicletas.

¿No te parece suficientemente modesto?

Ray Kroc vendía tazas de papel Lily cuando se fijó en que mucha gente hacía cola para comprar una hamburguesa en el pequeño kiosco de California que tenían los hermanos McDonald.

Ellos tampoco tenían casi nada.

Cuando Aristóteles Onasis dejó su Grecia natal, sólo tenía en el bolsillo trescientos dólares, que, además, le habían prestado.

¿Crees que eres incapaz de conseguir una suma como ésa?

Algo parecido me ocurrió a mí.

No tenía dinero ni estudios, pero creía en mi buena estrella, y en ningún momento se me pasó por la cabeza que no conseguiría convertirme en quien quería ser, alguien muy parecido a quien soy ahora.

(¿No les ocurre lo mismo a la mayoría si son honestos consigo mismos?)

Había algo en mi interior, una frase un tanto curiosa que me decía a mí mismo. Me gustaría no sólo que la comprendieras, sino que la hicieras tuya, que se convierta en la base de tu nueva forma de vida, el glorioso barco que te permitirá afrontar sin miedo todas las tempestades de la vida, y, créeme, aunque tengas una buena actitud y el mejor destino, en la vida hay muchas tempestades.

Como te decía, ¿qué frase era ésa, que con los años me di cuenta de que poca gente decía? En el momento de lanzarme a la apasionante aventura de los negocios, me repetía como si fuera un conjuro:

«Si hago lo necesario para que nada me afecte demasiado, nada me afectará».

Es algo audaz, y algunos podrían decir incluso que un poco egoísta.

Creo que es una forma de estoicismo, una forma de distanciarse de las cosas, de recibir del mismo modo todo lo que la vida nos envía, lo bueno y lo malo. Los guionistas siguen la siguiente fórmula: tragedia + tiempo = comedia.

Piensa un poco en eso, tiene más sentido de lo que parece. Las contrariedades, las desgracias te hacen daño en el momento. Con el tiempo las olvidas, las minimizas e, incluso, eres capaz de hacer reír a los demás al contarles esas penurias con sentido del humor.

Con el tiempo, también suele ocurrir que lo peor que te pasó se convierte en lo mejor que podía pasarte.

Entonces, ¿por qué no utilizar una especie de máquina para viajar en el tiempo, que se convierta en una verdadera máquina de felicidad, y te diga: «Lo que me hace daño ahora, mañana me hará reír, entonces, ¿por qué no reírme ya ahora?».

Ya sé que no eres un robot, que tienes sentimientos y no puedes cambiar de un día para otro. Sólo te digo que vayas haciendo poco a poco ese cambio.

Te será muy beneficioso, no sólo en tu vida personal, sino también en el trabajo, pues podrás mantener la sangre fría, la calma, mientras todos los que te rodean se ponen histéricos. ¿No es eso lo que se busca en un jefe?

Para ayudarte a ese distanciamiento tan útil, también puedes decir: «Esta contrariedad, esta decepción, este sufrimiento, no me llega a mí, sino a otro».

Y aunque sólo parezca una actitud algo falsa, de hecho es verdad, pues tu verdadero yo, tu alma, está por encima de todos esos acontecimientos. Para tu alma, el fracaso no es el fracaso, ni el éxito tampoco, sólo son experiencias instructivas, nada más.

No conviene que ese distanciamiento te convierta en una persona perezosa, desde luego.

Trabaja con seriedad, pero no te tomes a ti mismo demasiado en serio.

Confía en la Vida. Ya sé que hay muchas injusticias, mucho sufrimiento, cosas horribles, pero si sales reforzado de cada sufrimiento, si te levantas siempre gracias a una lenta y sistemática disciplina, conseguirás distinguir la belleza que hay en la Vida, verás la rosa en medio de todas esas espinas.

Verás cosas extraordinarias (cosas que no puedo describir ahora y que todavía no consigues ni imaginar), porque habrás empezado a ver la vida con los ojos de tu alma.

Confía en la Vida, porque cuando lo haces, le dices que es bella, que es buena, y ella, seducida, no se resiste a tus cumplidos, se entrega totalmente y te recompensa más de lo que nunca has imaginado.

4

DATE UNA BUENA EDUCACIÓN

No sé si has ido mucho tiempo a la escuela, si has hecho una carrera y has conseguido un diploma. Si es así, bravo, te felicito, has demostrado tener disciplina y probablemente has hecho muchos sacrificios para conseguirlo.

Pero no creas que ese diploma te bastará para conseguir todo lo que quieras en la vida. Siempre te será útil, puede abrirte muchas puertas, pero no olvides que una vez que has pasado la puerta de entrada, sólo estás en el vestíbulo...

Entonces tendrás que ponerte a trabajar de verdad.

Espero que ese diploma no se te suba a la cabeza. Seguro que encontrarás a muchas personas que, por diversos motivos, no habrán tenido la suerte de poder terminar sus estudios. No cometas el error de subestimarlos. No los mires por encima del hombro. Si lo haces, perderás una fuente formidable de conocimientos, pues lo que ellos han aprendido en el mundo laboral no se aprende en las clases. Para que los demás te aporten su sabiduría, tienes que inclinarte ante cada ser que se cruce en tu vida, por más modesto que sea, pues todos tienen algo que aportarte. Si nos colocamos por encima de las personas, nunca podremos aprender nada.

Si por las circunstancias de la vida no tienes ningún diploma, no tienes que desanimarte ni perder tu entusiasmo. Muchos empresarios y grandes artistas han pasado poco tiempo en la escuela y, no obstante, les ha ido muy bien en la vida.

¿Por qué?

Porque han conseguido la educación más importante: la que uno se da a sí mismo.

Además, ya que en las escuelas pocas veces se enseña cómo tener éxito en la vida, por raro que parezca, tendrás que buscar esa información por tu cuenta.

Sin eso, los diplomas no te servirán de nada.

Pero, primero, desarrolla la mentalidad del millonario, esa disposición singular que te permite ver las buenas oportunidades en cualquier cosa, incluso en las que a primera vista parecen poco lucrativas.

Verlas, porque ya has comprendido que esas oportunidades existen.

Porque has comprendido que todos los días has estado delante de esas nuevas posibilidades de enriquecerte.

Y que los demás no las vean no significa que no existan.

No las ven porque están dormidos.

O porque simplemente no las buscan.

¿Cuántos de tus amigos han pasado un día entero de su vida reflexionando en serio sobre cómo conseguir más dinero?

Probablemente puedes contarlos con los dedos de la mano, a menos que hayas sabido rodearte de personas con mentalidad de millonario, que ven que la vida puede ser un juego fascinante y no una serie de obligaciones deprimente.

Sin duda conoces esta frase famosa: «No me buscarías si no me hubieras encontrado ya».

Pues bien, la diosa de la riqueza, si hablara, te diría exactamente las mismas palabras.

Y si has leído este testamento con interés, al menos eso espero, es que has sentido en tu interior la necesidad de alcanzar el éxito, y que sabes que dentro de ti hay, como en la famosa lámpara de Aladino, un genio que puede darte enormes riquezas.

En realidad, aunque no lo sepas, has dado un gran paso que muchos nunca conseguirán dar, porque, por desgracia, no creen en el éxito.

En cambio, tú ya sientes que ése es tu camino, que no puedes evitarlo, joven amigo...

Pero te voy a dar otro consejo importante: para tener éxito en tu profesión, haz todo lo que puedas para empezar lo más pronto posible.

Sí, lo más pronto posible...

No dentro de tres años, o dentro de uno, lo más pronto posible...

Hoy mismo, si puedes.

Y aunque sea en un puesto modesto.

De administrativo, ayudante, dependiente, de lo que sea, no importa.

Lo importante es que entres.

Si quieres pescar, tienes que estar cerca del agua y no en tu salón soñando que estás pescando.

Una vez estés dentro, intenta aprender cada día cuantas más cosas mejor, para que pronto sepas más que los otros...

Sí, saber...

Incluso en actividades que parecen poco intelectuales, como el golf. A menudo los conocimientos son los que marcan la diferencia entre un jugador profesional y un aficionado.

El otro día estaba leyendo el libro de Tom Watson sobre el *short game*. (Como ves, todavía quiero mejorar a pesar de mi edad.) Me ha sorprendido ver la cantidad de factores que tenía en cuenta antes de golpear la pelota. La pendiente, la hierba, el modo en que se ha cortado, si la cortadora de césped ha pasado en un sentido una o dos veces y hasta la velocidad del viento... Por supuesto, hay que tener en cuenta el talento, también las horas de entrenamiento, pero cuando el campeón del Open Británico mira la hierba, ve cosas que un golfista medio no ve. Lo mismo ocurre cuando la pelota cae en un agujero de arena y el jugador repasa mentalmente una docena de golpes diferentes para ese momento.

Cada noche, antes de acostarte, pregúntate: «¿Qué he aprendido hoy de mi trabajo?».

«¿Qué he hecho para perfeccionarme, para mejorar mis métodos, para desarrollar mis contactos, mi clientela?»

A menudo, lo que desde fuera parece el resultado de la casualidad o de la suerte, en realidad es la consecuencia de la aplicación sistemática... de la sabiduría.

¿Puedo darte otro consejo sobre tu educación?

Vivimos en la era de la informática, de la televisión y del cine. Pero tienes que dedicar una parte de tu educación a la lectura.

Reserva cada día un poco de tu tiempo para leer, aunque sólo sea una hora, media hora.

Lee la vida de los que admires.

Aliméntate con sus ejemplos, su filosofía, impregnate de su valor, de su visión.

Inspírate en los grandes.

Al hacerlo, es como si te subieras a los hombros de esos gigantes. A pesar de tu estatura, enseguida verás más lejos, como si tú también fueras un gigante.

Greg Norman quería convertirse en el nuevo Jack Nicklaus.

Balzac dijo: «Haré con la pluma lo que Napoleón hizo con la espada».

¿Te das cuenta? Los dos, en campos muy diferentes, han seguido el mismo principio: han admirado antes de ser seres admirables, siguiendo esa antigua ley que dice que uno se convierte en lo que contempla.

Lee siempre que puedas.

Intenta también cultivar el arte de escribir.

No te pido que escribas como Hemingway o Victor Hugo.

Buffon dijo: «El estilo es el hombre».

No seas un analfabeto que no sabe escribir y hace faltas de ortografía.

Aprende al menos a escribir bien una carta de negocios.

Intenta ser breve, preciso, utiliza el estilo directo.

Los hombres de negocios son como tú: su tiempo es precioso, no hagas que lo pierdan.

Y, sobre todo, cuando quieras escribir una carta y conseguir algo, un favor, un contrato, recuerda el siguiente principio: todos buscan su propio interés (es la triste ley de los negocios y de la vida), entonces, si quieres que tu interlocutor se interese por lo que escribes, preséntale claramente lo que él conseguirá si accede a tu petición.

Si aspiras a puestos mayores, si quieres poder dirigir a otros hombres algún día, aprende a hablar en público.

¿Eres tremendamente tímido y te pido que alientes a una muchedumbre?

Recuerda el ejemplo del célebre Demóstenes, que de joven tenía un defecto que le impedía hablar con fluidez, y que, sin embargo, gracias a su fuerza de voluntad –y a las piedras que se ponía en la boca–, se convirtió en uno de los oradores más famosos de la Antigüedad.

Entonces, ¿qué es tu timidez comparada con eso?

No hay nada que se resista a tu voluntad si te esfuerzas.

¿Puedes imaginar a un jefe de empresa incapaz de dirigirse a sus empleados, de decir tres palabras seguidas sin tartamudear o farfullar? ¿Qué imagen daría? ¿Crees que sería la persona ideal para animarlos, para incitarlos a trabajar?

Aprende lo antes posible a hablar en público. Aprovecha cada oportunidad que tengas, por insignificante que sea. Poco a poco irás ganando confianza, desarrollarás tu talento. Como en tus cartas, intenta ser directo, sencillo, brillante. Evita la abstracción. En lugar de soltar una retahíla de principios, cuenta anécdotas que los ilustren. Coloca a seres humanos, cifras, datos en tu discurso. Y emplea el humor, no seas demasiado serio: admiramos y escuchamos durante más tiempo al orador que nos hace reír que al que nos aburre.

La educación que te des será incompleta, y todo lo que habrás aprendido no te será tan útil, si no desarrollas una de las claves fundamentales del éxito, no importa en qué sector trabajes, ni qué producto ofrezcas: tienes que convertirte en un buen vendedor.

Porque no basta con trabajar bien o tener un buen producto, o talento, para hacer dinero: es necesario que los demás lo sepan y tengan ganas de comprarlo.

Sí, aprende a vender, porque es lo que harás durante toda tu vida, lo quieras o no, y cuanto antes lo comprendas, más lejos llegarás.

¿Qué hacen los políticos? Venden su política, o su candidatura.

Y cuando pides un préstamo a un banquero, no haces otra cosa que venderle la viabilidad de tu proyecto y tu propia competencia.

Para ser un buen vendedor, lo primero que tienes que hacer es cuidar tu imagen.

Lleva ropa impecable, que refleje lo que eres y en lo que quieres convertirte, sin excesos, para que no parezcas un dandi o un derrochador. A nadie le gusta hacer negocios con ese tipo de gente. En los negocios, el hábito hace al monje. Si me conocieras, dirías que me visto de una manera un tanto excéntrica. Ya lo sé, pero yo soy viejo. Y rico. Entonces, haz lo que te digo y no lo que yo hago.

Para convertirte en un buen vendedor, recuerda la primera ley de un vendedor: para poder vender bien tu producto o tu trabajo, primero de todo tienes que creer en él, estar convencido de que es muy bueno.

Tu entusiasmo será el que contagie las ganas de tener el producto.

Si tú no estás entusiasmado, tampoco lo estarán los demás.

Además, si no estás orgulloso de lo que vendes, si no se lo venderías a tu madre o a tu hijo, entonces tampoco lo vendas a los demás, pues tus negocios no saldrán bien, y si salen, al final no sacarás nada que valga la pena en tu vida personal: siempre recogemos lo que sembramos.

Otra cosa que tienes que tener en cuenta en tu educación es que el mundo moderno cambia constantemente, a una velocidad sensacional. Si crees que lo que has aprendido a los veinte años te servirá durante toda tu vida, estás muy equivocado.

Igual que el ave fénix, que renace de las cenizas, renuévate constantemente, y repítete que dejarás de aprender el día en que te jubiles, y que te habrás jubilado el día que hayas dejado de aprender.

5

TEN GRANDES OBJETIVOS

Ahora sabes bastante bien lo que quieres hacer, en qué quieres convertirte.

Y nada puede pararte: has superado tus miedos y estás listo para ir hasta el final.

Pero antes de echarte a la arena como un gladiador de los tiempos modernos, lleva contigo un arma temible y aparentemente muy sencilla: un objetivo.

Sí, necesitas un objetivo.

Está claro que no todos los que tienen un objetivo triunfan, pero casi todos los que triunfan tienen un objetivo.

En realidad –y lo comprenderás enseguida–, tus objetivos condicionan totalmente lo que tienes que hacer.

Toma una hoja de papel y un lápiz: es todo lo que necesitas para hacer el ejercicio más importante de toda tu carrera.

Reflexiona durante un instante, luego anota la cantidad que crees que ganarás este año.

Pero ten cuidado, no te precipites a la hora de escribir esa cantidad. He dicho lo que *crees* que ganarás, y no lo que te gustaría.

Hay una gran diferencia entre una cosa y otra.

Pues lo que querrías ganar, lo que te gustaría ganar, puede ser cualquier cantidad, por muy extravagante que sea: cinco millones, diez millones, mucho más, ¿por qué no?

Pero es muy diferente cuando escribes la cantidad que crees de verdad que vas a ganar.

Porque enseguida te enfrentas a tus límites mentales y a la imagen que tienes de ti.

¿Te ves capaz de ganar veinte mil dólares, cincuenta mil, cien mil, quinientos mil por año?

¿Y por qué no un millón o cinco millones?

Si ganas veinticinco mil dólares por año, ¿crees que el que gana doscientos cincuenta mil trabaja diez veces más que tú o es diez veces más inteligente?

No...

Entonces, ¿qué diferencia hay entre tú y él?

No puedo hablar de todo el mundo, pero casi todos los ricos que he conocido habían decidido desde el principio trabajar a un nivel en el que pudieran conseguir grandes sumas de dinero.

De este modo, si eres profesor –y quiero dejar claro que no tengo nada, absolutamente nada, contra esa profesión, bien al contrario, creo que está muy poco valorada actualmente–, está claro que nunca ganarás más de... tú ya sabes más o menos cuánto gana un profesor.

Si tienes el objetivo de ganar cien mil dólares por año, está claro que tendrás que cambiar de trabajo o tener un pasatiempo que te dé bastante dinero...

Como ves, tu objetivo es el único que determina cómo debes actuar...

Desde el momento en que te plantees un objetivo (una cantidad y un plazo), tendrás que actuar en función de ello, si quieres ser coherente contigo mismo...

Si ganas treinta mil y quieres ganar el doble este año, te dirás que tienes que cambiar algo, aumentar el territorio, tu clientela, publicitar mejor tu producto o tu trabajo, según lo que ofrezcas.

Te darás cuenta de que *debes* cambiar tu modo de actuar y de pensar, porque si no haces nada, no conseguirás tu nuevo objetivo.

¿Me sigues?

Como no estás ante mí en carne y hueso, tengo que imaginar que sí, que estás siguiendo lo que digo y que lo entiendes. De hecho, no creo que te esté siendo muy difícil.

Lo bueno de tener un objetivo –y espero que no tardes en descubrirlo– es que no tendrás que trabajar mucho más para alcanzarlo. Es muy posible que pases a tener un trabajo fácil y agradable, que será para ti como un juego.

¿Por qué?

Porque tu objetivo te habrá colocado en otra esfera de existencia y de ingresos, en la que las semanas no cuentan, ni tampoco las horas...

Picasso dijo: «Un artista no es grande por lo que hace, sino por lo que es».

Lo mismo ocurre con el millonario.

Porque desde el momento en que te fijes este objetivo claro (el tiempo y la cantidad que deseas conseguir), pondrás en marcha fuerzas misteriosas de tu ser. Le darás una orden a tu banquero interior, y él, si tu certeza es absoluta, si crees a pies juntillas en tu objetivo, no tendrá otra elección que hacer todo lo que pueda (y tiene un gran poder, créeme) para ayudarte a conseguirlo e incluso a gastarlo.

Entonces, dime, ¿has hecho ese ejercicio?

¿Has anotado una cantidad en esa hoja de papel?

El muchacho, entregado por completo a las palabras del Millonario, no resistió la tentación de escribir una cantidad en una hoja que arrancó del bloc de notas.

Ganaba veinte mil dólares por año. Después de reflexionar durante unos instantes, anotó la cantidad que creía poder ganar sinceramente: 25.000 dólares.

Sí, veinticinco mil, si conseguía que su jefe le hiciera un buen aumento, lo que no era nada fácil, pues aunque tenía la reputación de ser un hombre justo, también la tenía de ser bastante parsimonioso a la hora de pagar a sus trabajadores.

A ese paso, tardaría toda la eternidad en conseguir su millón.

Estaba empezando a entender lo que el Millonario quería decir al hablar del poder extraordinario que daba tener un objetivo...

Tenía que ser más atrevido.

¿Cuánto creía que podía llegar a ganar de verdad?

Pensó durante unos segundos y escribió otra cantidad: 35.000 dólares.

Sí, treinta y cinco mil, es decir, quince mil más de lo que ganaba en ese momento.

Sonrió con su nuevo objetivo.

Pero pronto se dio cuenta de su error.

«Está claro que como chófer de limusina nunca conseguiré esa cantidad. Treinta y cinco mil dólares sólo los consiguen los conductores que tienen más experiencia en la empresa, y después de pasarse toda la vida trabajando en eso.»

Tenía que hacer algo diferente: poner en práctica su plan de comprar la empresa de su jefe...

Bajó la vista para continuar leyendo el testamento del Millonario.

¿Qué cantidad has anotado?

Llega lo más lejos que puedas.

Sé audaz a la hora de escribir la cifra y escribe la cantidad mayor que crees que realmente puedes conseguir.

¿Cómo te sientes ahora?

Si te incomoda escribir una cantidad superior es que has llegado a tu límite.

¿Dónde has parado? ¿En 30.000 dólares?

¿50.000?

¿100.000?

Mira durante un momento esa cantidad: es lo que realmente *crees* que vales.

Ni un dólar más, ni un dólar menos.

Repito: es lo que *crees*, lo que piensas, lo que hay escrito en tu interior.

Hay una razón, que probablemente ya has adivinado, y es un buen ejemplo de que la respuesta muchas veces ya está dentro de la pregunta, como la almendra en su cáscara, y sólo basta con extraerla.

Sí, *dentro de ti* has escrito ese límite.

Y es justamente dentro de ti donde habrá que trabajar para que se produzca esa metamorfosis, donde habrá que hacer todos los cambios necesarios para que te conviertas en un millonario.

¿Entiendes ahora lo que quieren decir cuando afirman que uno es millonario en su interior antes de serlo con dinero?

Supongo que también entiendes ahora por qué es tan difícil hacerse millonario si en nuestro interior todavía no hemos empezado a realizar ese cambio.

De todos modos, no te preocupes por la cantidad que has anotado.

Si te has parado en una cifra pequeña, si el objetivo que te has fijado no es muy audaz, no importa.

Por algo hay que empezar.

Y si ya te has concedido un «aumento» del 30 por ciento, o del 50 por ciento, tampoco está tan mal, ¿no?

Lo más importante es que creas en ello, si no, no servirá de nada todo lo que hagas.

Un día, una mujer vino a verme.

La semana anterior había asistido a una pequeña conferencia que di en una escuela.

–Querido Millonario –me dijo–, esta semana he tenido una reunión con mi futuro jefe para hablar sobre mi salario. Antes de asistir a su conferencia, me dije que le pediría 25.000 dólares, que rechazaría cualquier oferta inferior a ésa. Pero, después de haberle escuchado, me dije, ¿por qué no pedir 40.000? ¿Y sabe qué ocurrió?

–Que a su jefe le dio un infarto –dije bromeando.

–No, que me concedió los 40.000.

La felicité y encontré otro ejemplo del principio que te he expuesto. He visto muchos casos parecidos.

Y quince mil dólares más por... unos segundos de reflexión y el principio de una revolución interior.

¿No es formidable?

Y lo mejor de todo es que esa mujer hará el mismo trabajo que si hubiera aceptado un sueldo de 25.000 dólares.

Ahora, querido amigo, fíjate en el ejemplo de esta mujer y piensa, ¿qué pasaría si en lugar de parar en 40.000, como esa señora, llegaras a 100.000 dólares, o a 1.000.000?

¿Qué pasaría en tu vida?

¿Qué ocurriría en tu interior?

¿No crees que vale la pena que te hagas esas preguntas?

Aunque sólo sea para ver qué respondes.

Sé muy bien que el dinero no sirve para medir el valor de los hombres, aunque mucha gente haga eso mismo.

Dime, ¿qué hay de malo en ganar el doble o diez veces más haciendo un trabajo más gratificante? ¿No es el triunfo de la mente, de la astucia?

Pero antes de seguir, pregúntate si lo que te ha impedido escribir una cifra mayor como objetivo no ha tenido nada que ver con esa vergüenza puritana de ganar demasiado dinero, o de ganar más que tus amigos o que tu padre.

Cuando te fijes tus objetivos no tengas miedo de poner el listón demasiado alto.

No te fijes en quien eres, o en quienes te rodean, y piensa solamente en lo que quieres convertirte, adónde quieres llegar.

Es mucho mejor que tú creas en ti, aunque cien personas no confíen en tus posibilidades, que cien personas confíen en ti y tú no.

No tengas miedo de ser demasiado audaz, de aspirar muy alto.

No importa que te equivoques, al menos te habrás equivocado aspirando a algo importante, como hacen los millonarios.

Y si te sirve de consuelo, seguro que conseguirás más dinero que si eres poco ambicioso o no confías en ti y apuntas demasiado bajo.

Una vez que consigas tu primer objetivo, aspira a más, y verás que el objetivo que te parecía inalcanzable unos años antes, o incluso unos meses, estará al alcance de tu mano.

No lo olvides, sé atrevido: un millonario es importante no por lo que hace, sino por lo que es... y por los objetivos que tiene.

6

PERSEVERA

El joven conductor de limusina levantó la vista del testamento. Se sentía un poco aturdido por todo lo que había leído.

Además, después de una hora de estar inmóvil frente a esas páginas –aunque tenía la sensación de que sólo hubieran pasado diez minutos–, le vinieron ganas de estirar un poco las piernas.

Salió y se quedó durante un instante en el umbral de la puerta, como si estuviera en su casa. Imaginaba cómo sería vivir en un lugar así.

Al borde del agua.

Con un campo de golf privado.

Le gustaba demasiado ese noble deporte como para no tener ganas, de repente, de probar unos golpes en ese hoyo.

Cuando les contara a sus amigos que había estado jugando en un campo de golf privado, y, encima, el del Millonario, nadie lo creería.

Se dirigió con impaciencia hacia el césped, tomó el palo. Y, como no tenía guantes, se le ocurrió ponerse el guante que el Millonario olvidó en la limusina. Por supuesto, los profesionales se quitarían el guante en el césped, pero él prefería coger el *putter* con un guante. El guante del Millonario no era un guante de golf, pero era tan fino que no molestaba en absoluto.

La pelota que había en el césped, que sin duda dejó el Millonario –al menos eso suponía el muchacho– estaba a cuatro pasos del hoyo.

«Acabemos la jugada del Millonario con este golpe fácil», se dijo.

Esa situación le creaba una cierta excitación. «Más fácil de decir que de hacer», pensó al examinar la situación.

La distancia era corta: un metro y medio. Pero todo golfista sabe que algunos golpes de metro y medio causan verdaderos quebraderos de cabeza y no dudarían en cambiarlos por golpes más largos.

Siguiendo la trayectoria de la pelota, bastante acentuada, el golpe debía ir de derecha a izquierda; la mayoría de los jugadores (al menos los diestros) lo prefieren a uno de izquierda a derecha, pero la pendiente era considerable. En realidad, el desnivel entre el hoyo y la pelota debía de ser de... treinta centímetros. Lo que podía dar problemas incluso a los jugadores expertos.

Además, habían cortado el césped mucho, parecía una mesa de billar.

En los golpes en que hay una fuerte pendiente, el jugador tiene que hacer una elección.

Puede golpear con firmeza la pelota, sin darle demasiada inclinación, y entonces la trayectoria que sigue la pelota es más previsible, aunque corre el riesgo de no entrar en el hoyo y pasárselo considerablemente, de modo que en el siguiente golpe estará más lejos.

La segunda elección posible es poner la pelota en movimiento haciendo una curva mayor. Dc ese modo, es más difícil que pase el hoyo, pero en cambio, la trayectoria de la pelota es más insegura, porque puede variar por las imperfecciones del césped.

El joven chófer de limusina conocía ese dilema en que se encuentra todo golfista en una situación parecida. Pero era joven, y por tanto atrevido, así que eligió la opción más rápida, aunque fuera en bajada.

Hizo rápidamente el movimiento para preparar el golpe y golpeó la pelota, que empezó a girar cada vez más rápido, hacia el hoyo. Por un momento sintió que conseguiría ese golpe difícil a la primera, lo que le llenó de legítimo orgullo, pero fue breve, pues en lugar de entrar en el hoyo, la pelota pasó a unos centímetros y continuó hasta pararse a unos... tres metros del hoyo.

Se había dado cuenta de que la hierba estaba rápida, ¡pero no tanto! No salía de su asombro.

«Parece hielo en lugar de césped...»

Su orgullo estaba herido –y le hubiese ocurrido lo mismo a cualquier golfista digno de ese nombre–. Fue corriendo a recoger la pelota, la colocó de nuevo exactamente en el mismo lugar y luego intentó de nuevo el mismo golpe, pero esta vez un poco más flojo.

Al principio parecía que entraría en el hoyo, pero de nuevo lo rozó y la pelota se paró unos dos metros y medio más lejos. ¡No mucho mejor que el anterior! ¡Nunca había visto un césped que hiciera correr tanto la pelota! ¡No daba crédito a lo que estaba viendo!

Pero no tenía la intención de darse por vencido. Tenía que conseguir ese golpe...

Volvió a coger la pelota. Esta vez, antes de ponerla de nuevo en el mismo lugar, se arrodilló, no para implorar a los dioses del golf que fueran clementes con él, sino para hacer lo que tenía que haber hecho la primera vez: examinar el recorrido hasta el hoyo. Se dio cuenta de que la pendiente era mayor de lo que parecía. Sonrió, ahora entendía por qué tardaba en parar.

Tenía que dar un golpe mucho más flojo, pero, como a una pelota lenta le influye más la curva del césped, debía tirarla más a la derecha que las dos veces anteriores.

Preparó con cuidado el golpe, se concentró sobre todo en la fuerza, más que en la curva, luego golpeó la pelota. Salió lentamente, luego adquirió velocidad al girar hacia el hoyo, pero pasó a su izquierda, y, aunque el golpe era muy flojo, continuó todavía un metro y medio.

¡No había manera! Estaba empezando a ponerse nervioso.

«Voy a hacer ese hoyo», gruñó.

Recogió de nuevo la pelota con rabia, como si ella tuviera la culpa de que fallara, y volvió a colocarla a metro y medio del hoyo.

Esta vez, había decidido cambiar de estrategia, optaría por un golpe suave, delicado. Se juró a sí mismo que no pasaría del hoyo. Sólo la pondría en movimiento.

Y así lo hizo, pero sin mejor resultado. No se pasó del hoyo, pero sólo recorrió treinta centímetros antes de pararse.

Ahora le quedaba un golpe descendiente de un metro, casi tan complicado como el anterior.

Volvió a enfadarse.

Sin moverse, con un simple golpe con el palo, recuperó la pelota: tenía que tirarla suavemente, pero no tanto.

Golpeó algo más fuerte, pero tuvo una especie de espasmo muscular, y no tardó en darse cuenta de que había cometido el mismo error que en los primeros intentos. Había golpeado la pelota demasiado fuerte, sin embargo, esta vez, se dirigía directa al hoyo. ¡Al fin iba a conseguir ese jodido golpe! La pelota tocó el hoyo, pero contra todo pronóstico no se hundió, en lugar de eso, giró y se quedó parada a un metro y medio a la izquierda, en una posición todavía mucho más difícil.

Estaba fuera de sus casillas.

Intentó de nuevo cuatro o cinco veces el mismo golpe, pero sin ningún éxito.

Aquello parecía cosa de brujería.

Luego se cansó. Si continuaba así, no conseguiría nada bueno.

Dejó de nuevo con resignación la pelota y el palo en el mismo lugar en que los había encontrado, se quitó el guante del Millonario y lo metió en el bolsillo trasero del pantalón. Se quedó unos instantes mirando el campo de golf, pensando. Era increíble lo que un simple golpe de una distancia tan corta podía afectar a los nervios –y al orgullo– de un golfista. Por supuesto, no era un gran golfista, pero pensaba que después de varios tiros más conseguiría meter esa maldita pelota.

Después de todo, no era cuestión de perder toda la mañana en eso.

Frustrado, volvió a la biblioteca del Millonario, se sentó de nuevo, pasó la página y sintió un cierto escalofrío al leer el título del nuevo capítulo, si se podía llamar de ese modo a las diferentes partes del testamento: PERSEVERA.

Qué curiosa casualidad que fueran exactamente esas palabras las que encontró al pasar la página, justo cuando estaba pensando que quizá había renunciado demasiado pronto a ese golpe difícil.

Pero podría ser que se tratara de una simple coincidencia, después de todo, como tantas otras que se estaban dando de un tiempo a esta parte.

Retomó la lectura.

Has hecho *sub specie aeternitatis*

(sonrió, ahora sabía qué significaban esas palabras en latín que hasta poco antes no hubiese entendido.)

la elección de tu carrera, al menos eso espero...

Has elegido lo que pedían tus habilidades, aunque sea atrevido y a todos les parezca una locura que sigas ese camino complicado: si fuera cínico, te diría que justamente porque todos te lo desaconsejan deberías hacerlo.

Te has fijado grandes objetivos y te atreves a dar el gran salto, y dejar de lado el miedo.

Pero... las cosas no salen con la facilidad que uno querría, aunque se tenga la mejor disposición del mundo.

Has superado el primer obstáculo, un obstáculo importante, pero ahora te das cuenta de que otra dificultad mayor te espera, o una decepción. Esperabas un préstamo de tu banco, uno de tus socios te ha dejado tirado, o un cliente importante.

Puede ser también que ese contrato importantísimo que estabas a punto de firmar se te haya escapado en el último minuto...

Tengo ganas de decirte: *Welcome to the Club!*

Sí, bienvenido al club de los emprendedores, de los que se arriesgan. Pues, como se suele decir, sólo los que no se arriesgan no fracasan, pero, visto de ese modo, fracasar es una victoria, así al menos está claro que eres valiente.

Si la mayoría fracasa es que se desaniman en el primer intento, cuando topan con la primera dificultad, si es que no se desaniman antes incluso de empezar, lo que también suele ocurrir.

En realidad, a menudo la excepcional capacidad de superar la frustración del fracaso es una marca de las personas que obtendrán grandes recompensas.

El periódico que puedes encontrar por la mañana en casi todos los hoteles de Estados Unidos –el

Usa Today– necesitó más de siete años para acabar imponiéndose y conseguir beneficios. Si su fundador hubiera desistido al cabo de tres años, o de cinco, nunca habría conseguido ese éxito.

Debes de estar pensando que él podía permitírselo, ya que se trata de Gannett, uno de los mayores impresores de América, pero cada uno puede hacer lo que sus medios le permiten, y lo que suele ser válido para las grandes empresas también suele funcionar en las pequeñas.

Ante un fracaso, un obstáculo, pregúntate: ¿Me he desanimado demasiado rápido? ¿Lo he intentado todo?

¿Vas a dejar que las circunstancias te venzan, o insistirás hasta que consigas triunfar?

En realidad, todas las empresas que ves hoy en día, todos los productos que consumes, no estarían ahí sin la perseverancia de los que creyeron en ellos desde el principio.

Es como si la Vida quisiera probar tu carácter. Lo que le pides no te lo da de inmediato, pero si insistes, si ve que no renuncias, que no renunciarás nunca, al final te ofrece la recompensa.

Venecia, visitada por millones de turistas, ha construido su riqueza gracias a su poder marítimo y mercantil. Los venecianos, ya lo sabes, compraban en Oriente productos exóticos –especias, seda, sal, etcétera– y las vendían mucho más caras por toda Europa. Vivieron su gran apogeo en el siglo XVI, conocido justamente como el Siglo de Oro.

Este pueblo de marineros que, al principio, se establecieron en lugares que todos los demás despreciaban, no tenía ni tierras ni riquezas (lo mismo les ocurrió a los japoneses, que después de la guerra tuvieron que reconstruir su país), pero se empeñó a fondo y supo resurgir de sus propias cenizas, pues tenía un espíritu aventurero y también una perseverancia fuera de lo común. Los historiadores han descubierto que lo que propició el éxito de los habitantes de la Serenísima (como llamaban antes a Venecia) fue que conservaron siempre el mismo objetivo y supieron hacer los cambios necesarios en la forma de conseguirlo.

Vuelve a leer esta frase, por favor, pues me parece importantísima: El secreto del éxito de los venecianos fue que... *conservaron siempre el mismo objetivo y supieron hacer los cambios necesarios en la forma de conseguirlo.*

¿Qué hace la mayor parte de la gente?

Justamente lo contrario.

En primer lugar, la mayor parte de la gente no tiene un objetivo concreto, y, además, los que tienen uno, renuncian a él o acaban olvidándolo cuando se enfrentan con la primera dificultad, con el primer obstáculo.

Tú tienes que ser diferente. Debes decirte a ti mismo que serás diferente; dilo todos los días, ante cada dificultad, ante cada contratiempo. No te des por vencido, piensa en el ejemplo de los audaces venecianos, y tú también tendrás tu siglo de oro.

Actúa siempre contra viento y marea, mantén el mismo objetivo y haz los cambios necesarios para poder conseguirlo.

Ante un obstáculo, un revés, pregúntate: «¿Qué otro método puedo emplear? ¿Qué puedo hacer para conseguir mi objetivo?».

Párate durante un momento para recibir el golpe, pero al día siguiente, levántate y ponte de nuevo en marcha. Contempla ese fracaso como una simple etapa, desagradable, pero necesaria, y que forma parte del camino para conseguir el éxito. Ve incluso más lejos, intenta ver lo bueno de ese fracaso: con cada nueva prueba refuerzas tu convicción, templas tu carácter, y aprendes otra forma que no debes emplear. No es poca cosa, aunque hayas perdido dinero.

Piensa que en cada situación hay un medio de tener éxito y convéncete de que tú lo encontrarás.

Cuando fracasas, cuando te desanimas, recuerda el principio de que cuando una puerta se cierra, otra se abre.

Así es, una se cierra y otra se abre.

La Vida sabe mucho más que tú, incluso de tus proyectos más íntimos.

Tienes que contemplar que a veces, a pesar de tu buena voluntad, no eliges el camino adecuado y te puedes dar contra un muro.

No te desanimes. Mantente firme, sereno, no dudes de tu objetivo aunque haya contratiempos.

Entonces verás que otra puerta se abrirá por arte de magia, una puerta que no conocías, en la que no habías pensado y que seguramente te conducirá con mayor facilidad a esa Venecia gloriosa que deseabas desde el principio.

Cuando te des contra un muro piensa en ese otro marinero, Cristóbal Colón. Cuando se echó al mar, después de buscar por todas partes el dinero para su viaje, pensaba encontrar la lucrativa ruta de las Indias y descubrió América.

Una puerta se cierra y otra se abre.

Y cuanto más te eleves en las esferas espirituales, mejor verás la perfección de la Vida y de los caminos que te hace tomar. Lo que al principio te pareció una vuelta detestable, un contratiempo, a menudo es el camino más corto.

Si hubieras evitado ese obstáculo, no habrías conseguido el pasaporte necesario para la nueva y fantástica etapa del viaje.

Sí, desde el momento en que ves todo lo que ocurre a tu alrededor, incluso las pequeñas cosas, con los ojos del espíritu, te tomas la vida con mucha más tranquilidad. Y lo que a los demás les parecerá un fracaso, un contratiempo, tú lo mirarás con una sonrisa en los labios: es tu vida, toda tu vida, sólo tu vida, en su misteriosa y profunda belleza. Es el camino que tu alma inmortal te pide que tomes para que vuelvas a ella.

Una puerta se cierra y otra se abre.

Persevera aunque las cosas no salgan como tú las habías planeado, a pesar de los malos presagios de los que te rodean, que enseguida han visto en los primeros contratiempos la confirmación de lo que pensaban de ti y de tus proyectos: que estabas condenado al fracaso desde antes de empezar.

Demuéstrales que se equivocan, que, al contrario, el futuro te pertenece, y que sólo es una cuestión de tiempo conseguir lo que te has propuesto... si no te desanimas, si perseveras hasta conseguirlo.

Pues tú ves lo que los demás no quieren ver, el fruto que quieres recoger lo ves tan claro, que es como si ya lo tuvieras en la mano.

Después, los que no creían en ti se sorprenderán de que hayas conseguido lo que te proponías, lo atribuirán a la suerte. Sin embargo, lo que tú habrás hecho es continuar adelante, mientras la mayor parte de la gente se para porque es mejor pararse, porque habría que estar loco para continuar.

Si realmente es lo que hace falta para conseguirlo, sé un loco, ante todos y contra todos, porque para la Vida tú serás un sabio.

Aprende de tus errores.

Pero no desprecies la lección que uno puede aprender de sus éxitos, y de los éxitos de los demás, por supuesto...

Analiza el éxito, intenta comprenderlo, percibir los principios. Cuanto más pienses en ello, mejor comprenderás que no tiene nada que ver con la casualidad o la suerte, sino que se trata más bien de la consecuencia inevitable de una actitud concreta y de aplicar unas reglas eternas.

Persevera, porque si no te dejas abatir por la desilusión, por los fracasos, una puerta se cerrará y otra se abrirá.

Y cuando veas el fracaso y el éxito del mismo modo, entonces ya no habrá ninguna puerta, sólo luz.

Persevera hasta que sólo vivas dentro de esa luz, pues es tu estado verdadero.

7

DESARROLLA TU BONDAD FUNDAMENTAL

Cuando Marco Polo volvió de su segundo periplo por China, habían transcurrido tantos años desde que marchó de su Venecia natal que ni sus amigos ni sus propios familiares lo reconocieron. Para no llamar la atención de los asaltadores de caminos, llevaba unos harapos en los que había cosido astutamente un montón de piedras preciosas. Y sólo cuando mostró su fortuna, todos empezaron a creer en sus fabulosos relatos. Los dictó a un prisionero cuando los genoveses lo encarcelaron. A sus contemporáneos les parecían tan extraordinarios, que empezaron a llamarlo el Millonario, como a mí. Hay que decir que el célebre viajero también lo buscó, pues colocó en su obra un doble título: *El libro de las maravillas*, y... *El Millón.*

Joven amigo, un millonario en potencia es como ese valiente Marco Polo al regreso de su increíble periplo. Parece pobre, sólo se viste con harapos, nadie cree en él. Pero tiene un montón de piedras preciosas escondidas.

¿Y qué son esas piedras preciosas?

Son los destellos de su mente, que ha empezado a cultivar con paciencia.

Recuerda lo que dijo Picasso del artista, y lo que yo me permití decir del verdadero millonario:

«Es grande no por lo que hace, o por lo que posee, sino por lo que es».

Por esa misma razón, Henry Ford dijo un día: «Quitadme todo lo que tengo y en cinco años volveré a levantar mi imperio».

También dijo: «Todo lo que he hecho ha sido sólo para demostrar el poder que todos tenemos dentro».

Entonces, toma ejemplo del modo de ver la vida de estos personajes y, desde hoy mismo, como si para ti fuera una tarea capital –y de hecho lo es–, empieza a desarrollar tus cualidades interiores, los destellos de tu mente, para que las facetas de tu personalidad brillen como una joya que garantice tu futura fortuna.

Y si me crees, desarrolla primero una de las cualidades más importantes, y de la que poca gente habla en nuestra época, demasiado individualista: tu bondad fundamental.

Debes cultivar tu bondad en cada circunstancia, con cada individuo.

¿Por qué llamo a esa bondad tu bondad fundamental?

Porque está en ti, forma parte de ti, pero es como un tesoro antiguo perdido en el fondo del mar, y la has olvidado, como la han olvidado la mayor parte de las personas de nuestro tiempo, y quizá, por eso mismo, el mundo está tal y como está.

Muchos creen que los millonarios son personas avariciosas, que están obsesionadas con los beneficios, con el dinero. Y es cierto que algunos millonarios son así y que muchos consiguieron su fortuna actuando de ese modo. Pero no creo que la fortuna que se consiga con avaricia aporte algún momento de felicidad.

El verdadero millonario es otro: es el que se levanta antes que los demás y se acuesta tarde. Es el que hace enormes sacrificios, que toma riesgos enormes, mientras que los otros sólo piensan en su pequeña seguridad. Es el que está dispuesto a perderlo todo por una mala apuesta, el que se lanza al abismo, a pesar de que le hayan repetido sin cesar que es insensato, que se arrepentirá.

Es el que se entrega al cien por cien, todos los días, y no piensa en la jubilación: vence o muere, ése es su lema.

Al verdadero millonario no le preocupa caer cien veces, porque se levantará otras tantas y volverá a lo mismo.

Haz como él y entrégate en cuerpo y alma, pero no dejes de cultivar tu bondad fundamental.

Sí, cultiva esa bondad que es la verdadera luz de tu ser, pues ayudando a los demás a conseguir lo que quieren obtendrás lo que tú quieres.

En las situaciones que vivas no te preguntes qué puedo sacar de eso, sino cómo puedo ayudar.

¿Cómo puedo solucionar el problema de la persona que encuentro?

¿Cómo puedo facilitarle la vida, hacérsela más bonita, más agradable?

¿Qué puedo hacer para ayudarlo a prosperar?

Si dudas, prueba durante un mes y verás, sorprendido, el resultado en tus propios negocios.

Cuando hagas una buena acción, un gesto noble, no hace falta que hagas publicidad de ello: la Vida es una contable excelente y te lo devolverá multiplicado.

No creas que la bondad te puede empobrecer.

Esa bondad fundamental es como un cofre secreto que llevas en ti, repleto de un montón de monedas de oro.

La mayor parte de la gente guarda ese cofre cerrado con llave, y no comprende que por esa razón va toda su vida con la espalda tensa por el esfuerzo, la frente arqueada, temerosa, y dando pasos pesados. Pero no puede ser de otro modo si lleva constantemente ese cofre secreto como si fuera una pesada bola de hierro.

Pero tú has aprendido que cada vez que das una moneda de oro, tu cofre pesa menos, caminas más ligero, más glorioso, hacia la libertad que busca la verdadera riqueza: cuanto más se da, más se recibe.

El bien que haces a tu alrededor, no sólo te vuelve multiplicado, sino que te da suerte. Como un verdadero amuleto, te protege y protege a los que amas de las desgracias por una misteriosa ley que he podido comprobar cientos de veces. Mejor todavía, esta bondad protege tu salud y prolonga tu vida: es una de las claves de la juventud eterna, muy superior a cualquier farmacopea. Pues la bondad es el amor, y el amor es la Vida. Es el medicamento secreto de los verdaderos millonarios y la razón por la que a menudo trabajan hasta una edad muy avanzada, mientras que los que detestan su trabajo, los que nunca han conseguido que su bondad fundamental se manifieste, se pasan la vida soñando con el día en que por fin podrán jubilarse, y a menudo mueren jóvenes, incluso antes de haberse jubilado: triste ironía.

Entonces, todas las mañanas, al alba, pues es cierto que la fortuna pertenece a los que se levantan temprano, repítete:

«Hoy daré a todos los que encuentre al menos una moneda de oro de mi cofre de la bondad. No tiene por qué tratarse de dinero, pues los millonarios en potencia no tienen mucho, pero daré parte de mi tiempo, de mi atención. Haré algún favor, me prepararé mejor para tal reunión, haré lo que llaman *extra mile*, el esfuerzo suplementario, aunque tenga ganas de hacer otra cosa, daré otra oportunidad a un colega o a un empleado que haya cometido un error, lo animaré, no dudaré en entregarme al máximo, en ir hasta el final, cuando nadie quiera ir tan lejos... No esperaré a que se porten bien conmigo para portarme bien con los demás. Daré el primer paso, dejaré que mi bondad fundamental se manifieste, porque estoy convencido de que cuanto más damos, más recibimos.

»No pensaré que la bondad es una característica de los débiles: no sólo es la característica de los fuertes, de las mentes elevadas, sino que refuerza y eleva a los que la manifiestan constantemente en su vida: es la medicina de la luz, y no hay otra mayor».

Si te muestras constantemente bondadoso, te convertirás en un auténtico sol: ¿el sol se pregunta si debe brillar más sobre una persona que sobre otra? No, porque es su naturaleza, como también es la naturaleza de cada ser brillar. Y, sin embargo, ¿cuántos lo hacen? ¿Cuántos se pasan toda la vida sin nada más que con su propio miedo y egoísmo?

Los rayos que emite el sol son para todos, y por eso todos lo buscan, como se busca al verdadero millonario: es el secreto del carisma y del liderazgo.

Cuanto más damos, más recibimos.

Y si tienes la sensación de que, a pesar de tu generosidad, alguien ha obrado de mala fe contigo, no busques desquitarte. Sigue tu camino.

La Vida, que es mejor justiciera que tú, se encargará de reparar esa injusticia, si es que la hay de verdad.

Pues si buscas desquitarte con esa persona, tus vibraciones bajan, dejas que la parte oscura de tu alma reemplace a la brillante y pasas a ser como esa persona malintencionada; mientras que si sigues tu camino, conservas tu buen humor y no le concedes al otro ningún poder sobre ti.

Sé firme interiormente.

Mantente como eres.

Lo que no significa que no debas intentar corregir alguna situación.

Pero con igualdad.

Con bondad.

La bondad fundamental de tu ser.

Cuanto más damos, más recibimos.

El verdadero millonario no es el que va en limusina,

(el muchacho se sobresaltó al leer esas palabras)

lleva ropa elegante y frecuenta los mejores restaurantes. Si eso es lo que piensas, joven amigo, la vida te reserva amargas decepciones.

El verdadero millonario es el que da más que los otros, y por eso mismo recibe más.

¿Y qué es lo mejor que puedes dar a los demás?

Enseñarles a descubrir su verdadera naturaleza y a expresar su potencial.

8

SÉ ORIGINAL

Ayer, mientras daba mi paseo de todas las mañanas, tomé un camino diferente. No sé por qué lo hice, quizá porque mi maestro interior quería enseñarme una nueva lección. Nunca dejamos de aprender. Como decía, tomé otro camino y me di cuenta de que un vecino, que se ha ido de viaje o se ha mudado, tenía el césped de su jardín muy descuidado.

La hierba había crecido mucho. A mí me gusta ver los jardines bien cuidados, como hago con el terreno de mi campo de golf, y nunca me canso de mirar al atardecer esas avenidas verdes onduladas que son como la promesa siempre renovada de una felicidad al alcance de la mano...

Pero ayer, por primera vez, me di cuenta de que un jardín descuidado también puede tener su encanto.

Un encanto extraordinario, como pude constatar al aproximarme.

El césped abandonado durante un tiempo se había convertido en un campo de flores.

Al acercarme pude admirarlas; eran salvajes, pero admirables.

Entonces pensé: la educación que recibimos o la propia sociedad intentan hacernos a todos como jardines bien cuidados.

Impecables, sin duda, pero todos iguales.

Probablemente mi maestro interior me hizo desviarme para aprender esta lección.

De inmediato pensé: ¡debe de ser por eso por lo que hay tan pocos millonarios!

Porque para ser millonario hay que ser diferente.

Por esta razón –hagas o no una carrera–, esfuérzate en permanecer en tu interior como un jardín salvaje, aunque tengas toda la educación del mundo.

No dejes que te conviertan en un individuo normal y sin ideas, porque si las únicas ideas que tienes son las de los demás, al fin y al cabo es como si no tuvieras ninguna.

Intenta ser como un jardín salvaje, y preserva (o encuentra) y cultiva durante toda tu vida la originalidad, pues es la que te conducirá a la riqueza.

Inventa algo nuevo, un nuevo producto que satisfaga una necesidad que has sabido identificar.

O intenta encontrar una forma más barata o más eficaz de dar un servicio que ya existe: a menudo no hace falta mucho más para conseguir una fortuna.

Si eres perezoso, quiero decir, si te has entregado a la ley del mínimo esfuerzo en lugar de buscar por ti mismo, pídele cómodamente a tu banquero interior que busque por ti lo que te enriquecerá, y no menosprecies su eficacia y su fecundidad.

No te dejes influir por los que te rodean, que quieren acallar tu originalidad porque hace tiempo que también perdieron la suya: no pueden ver la tuya, porque es la de la Vida, y eso les recuerda que están muertos desde hace tiempo.

Sé diferente.

Para encontrarte a ti mismo, durante un tiempo deja de hipnotizarte de forma banal viendo la televisión –es el nuevo opio del pueblo–, y contémplate a ti mismo, aunque te veas borroso al principio, aunque no consigas distinguirte, porque no estás acostumbrado, pero pronto te verás con claridad, con total nitidez.

Hazme caso, apaga la tele durante un tiempo, elimínala de tu vida, y durante una hora contempla una flor, u observa la misteriosa carrera de las nubes en el cielo.

Te confieso que, muchas veces, cuando tenía que tomar una decisión importante, me quedaba mirando las nubes durante horas, a simple vista sin hacer nada, pero misteriosamente me enseñaban lo que los hombres, las cifras, los análisis no podían enseñarme, me traían la respuesta que buscaba; es mi consejo de administración secreto.

Un buen recorrido de golf solitario a veces puede servir para lo mismo, pues, a menudo, cuando creemos que no estamos pensando es cuando realmente lo hacemos.

Sé original, aprende a pensar por ti mismo, aunque consultes a los demás.

En lugar de hablar durante una hora por teléfono, cállate durante una hora y escucha las maravillosas respuestas que te da el silencio. Confía en tu intuición —en los mensajes de tu maestro interior—, aunque lo que te sugiera no tenga nada que ver con lo que opinan los demás.

Tras cada hombre que ha triunfado, tras cada millonario verdadero, no sólo hay un trabajador incansable, de gran carácter, sino también un espíritu original.

Entonces, ¡sé original!

9

SÉ DISCIPLINADO

Todo en el universo sigue una jerarquía.

Siempre hay alguien que manda: si tú no te mandas a ti mismo, otro lo hará.

¡Ten disciplina!

¡Hazte tus propios horarios y cúmplelos!

Fíjate objetivos y consíguelos, o, mejor, supéralos.

Cuando caigas, levántate tú solo, no esperes a que alguien venga a levantarte. Si no has tenido éxito en lo que pretendías, intenta hacerlo de otra manera, más astuta, más eficaz.

Si has perdido algo de dinero, empieza de cero (quizá te encuentres en ese momento), como si cada día fuera el primer día del resto de tu vida, que, de hecho, no es otra cosa que eso mismo.

Si piensas de ese modo, si vives en el pasado porque has tenido decepciones o fracasos, no eres mejor que la mujer de Lot, que se convirtió en estatua de sal porque miró hacia atrás en lugar de mirar sólo hacia delante.

¡Hazte promesas a ti mismo y cúmplelas!

Y, por supuesto, cumple las que hagas a los demás, a tus padres, a tus amigos.

¡Ten disciplina!

Pero que sea una disciplina alegre, no sufras con ello.

Aunque no podría ser de otro modo, pues si has seguido mi consejo –y espero que así sea y que hayas elegido tu carrera con el corazón–, harás lo que te gusta, lo que te encanta, de hecho, no hay nada que te guste más. Entonces, no debe ser nada difícil tener disciplina a la hora de hacer todos los días lo que a uno le gusta, ¿no te parece?

A veces tengo la impresión de que los que realmente tienen disciplina son los que no quieren avanzar, porque no tienen el valor –o la suerte, no seamos demasiado severos– de hacer lo que realmente les gustaría, y, por eso, tienen que imponerse durante toda su vida esa horrible disciplina de hacer lo que no les gusta: si eso no es el infierno…

De mí decían que era una persona muy disciplinada, que trabajaba demasiado, porque había días que me pasaba quince horas trabajando y, a menudo, lo hacía los siete días de la semana.

Pero no me habrían elogiado si hubieran sabido que si me levantaba tan temprano, a veces a las cinco de la mañana, era porque tenía ganas de estar sentado en el despacho, como si fuera un niño en una confitería.

Es más fácil ponerse todos los días un collar de oro fino, ligero como el viento, como la luz, que el collar de hierro macizo que lleva la mayor parte de la gente.

¡Ten disciplina!

Acostúmbrate a hacer el doble que los demás, verás que no es más difícil y que a menudo es necesario para poner en marcha la rueda de la fortuna.

Lo que tengas que hacer en diez días, intenta hacerlo en cinco, en uno, y piensa en la forma más inteligente, en las soluciones inesperadas, los atajos que tu capacidad inventiva te propondrá para conseguirlo. Juega contigo mismo, haz ver que se trata de algo urgente, que no tenías elección: así, tendrás más tiempo libre que nunca.

Ten disciplina. Queda con la gente cuando estés en perfectas condiciones mentales, cuando te sientas mejor. Oblígate a escuchar a los demás, a callarte durante una hora cada vez que hables una hora, a comunicar claramente a las personas lo que esperas de ellas. En cambio, sé avaro con las palabras cuando llegue el momento de hablar de ti. En lugar de ser de los que se quejan, escucha pacientemente las quejas de los demás, y reconfórtalos cuando se encuentren en un mal momento: ése es el verdadero jefe. Desde que el mundo es mundo, el poder y el secreto van de la mano.

En lugar de hablar de ti, haz que los demás hablen de ellos mismos: seguro que nada te hará tener más amigos.

¡Ten disciplina!

Pero no te equivoques con respecto a lo que significa tener disciplina.

No te conviertas en un esclavo de tu trabajo.

Sé más astuto.

Toma vacaciones.

Regularmente.

No sólo una vez por año, sino cinco, diez. Para estar siempre fresco, siempre a punto, como si... acabaras de llegar de las vacaciones.

Toma vacaciones siempre que te sientas cansado, antes de que la vida y tu cuerpo te las hagan tomar a la fuerza... haciéndote caer enfermo.

Y si crees que, a pesar de tu inquietante cansancio, no puedes tomarte unos días de vacaciones, es que te falta disciplina.

¡Sé más rápido trabajando! ¡Sé más efectivo!

¡Delega!

¡Haz más dinero y más rápido!

¡Y márchate de vacaciones lo antes posible!

¡Tu equilibrio depende de ello!

¿Qué harás cuando estés tan cansado que no seas capaz de tomar la decisión apropiada, o de soportar a la gente que trabaja contigo, a tus clientes, tus amigos, tu mujer?

¡Ten disciplina: viaja!

Recorre el mundo, ve a todos los lugares que puedas permitirte.

Conoce otras culturas, otras costumbres. Al estar en contacto con ellas, abre tu mente, renueva tus métodos, tu visión de las cosas: comprende qué son... y qué eres tú.

¡Ten disciplina!

Intenta ser austero.

En tu vida personal, al principio, vive con austeridad. Y el dinero que ganes, en lugar de gastártelo todo en cosas inútiles, reinviértelo en tu empresa, en tu talento, en tu sueño.

No cometas el mismo error que muchos principiantes, que habrían podido pasar sin dificultad los malos momentos si no hubieran derrochado lo que ganaron. Ten una reserva para los momentos difíciles, y al principio casi siempre hay.

Cuando Jean-Paul Getty ganó su primer millón sólo tenía su coche, que le servía de oficina.

Entonces, ¿cuándo empiezas, necesitas tener un despacho enorme con alfombras de ocho centímetros de espesor?

Sé austero, no sólo con respecto a tu despacho, sino también en la mesa, a la hora de comer.

Come poco y masticando lentamente, lo que, dicho sea de paso, es un buen truco para comer poco.

Dedica lo esencial de tu energía a pensar, a crear, a ver las oportunidades de hacer negocio y a prosperar, no a digerir como un rumiante.

Lo que no significa que de vez en cuando no te puedas dar un banquete.

Pero que la austeridad sea lo cotidiano, y la abundancia la excepción.

Ten disciplina: aprende a respirar.

Al menos una vez al día, durante unos diez minutos, más si puedes, respira profundamente.

Respira profundamente y entra poco a poco en contacto con tu verdadero ser, que es tranquilo, luminoso, alegre y libre.

Es el secreto de la juventud.

Aprende a respirar y fíjate en cómo muchas de tus malas costumbres desaparecen como por arte de magia.

Aprende a respirar, y date cuenta de que nada es realmente importante, nada excepto, precisamente... respirar.

Ten disciplina.

Pues si tiene mérito vencer a otra persona, todavía lo tiene más vencerse a sí mismo.

10

EN PAZ CONTIGO MISMO

El siguiente capítulo todavía era más extraño que el anterior, pues sólo tenía una palabra, escrita en letras enormes en medio de la página:

«DIOS»

El muchacho se sorprendió. En la página siguiente encontró lo que parecía ser una explicación. Esto es lo que decía el Millonario:

Acabo de levantarme para estirar las piernas, y, al volver a la mesa, me he dado cuenta de que todavía no te he hablado de una de las principales claves de mi éxito.

De hecho, podrías olvidar todo lo que te he dicho si comprendes solamente el poder de la palabra Dios.

Tienes que comprender esto: elimina todo lo sombrío de tu ser, toda negatividad, las frases negativas.

En lugar de decir «No puedo conseguirlo», elimina la negación, perfecciona tu interior, suprime el no y di: «Puedo conseguirlo».

En lugar de decir «Es demasiado para mí», di «Es para mí».

Ve más lejos todavía, no veas la diferencia entre el infinito y tú. En lugar de decir: «No soy Dios», lo que es un insulto para tu divinidad interior, para la perfección luminosa de tu ser, di, aunque a los demás les parezca una locura, «Soy Dios».

Durante diez minutos, como mínimo, intenta repetir esa fórmula. Aunque dudes de su poder, actuará en ti como una medicina; no importa que no creas en sus virtudes, hará su efecto igualmente.

En tu interior, en lugar de decirte «Las cosas están saliendo mal, no sé si lo conseguiré», y caer en el hipnotismo como la mayor parte de las personas, repítete «Soy Dios», como hacen las grandes personas que siguen su camino, que repiten sin cansarse el nombre de Dios.

Y, poco a poco, de forma misteriosa, emanarás luz y tranquilidad.

Y, poco a poco, comprenderás el secreto más importante, que consiste en estar en paz consigo mismo.

Sí, eso es, tienes que estar en paz contigo mismo.

Ten objetivos elevados, trabaja duro, con ahínco, pero mantente distante, libre interiormente.

Podrías conseguir todas tus metas, una gran fortuna, pero si no estás en paz contigo mismo, no habrás conseguido nada, pues no olvides que el único bien que nos llevamos a la tumba es el que hemos hecho.

No cometas el mismo error que el rey Midas: estaría bien que todo lo que tocaras se convirtiera en oro, a no ser que perdieras lo principal, la razón de tu existencia, y todos tus amigos y tus hijos se convirtieran en frías estatuas de oro. Evitarás esa trampa frecuente si conservas siempre un corazón de oro, si dejas siempre que tu bondad fundamental se exprese.

Tienes que estar en paz contigo mismo.

Allá donde vayas, hagas lo que hagas, estés con quien estés, no olvides que siempre te quedarás sólo contigo mismo: si no estás en paz contigo mismo, estás en mala compañía.

El popular cuento de Saint-Germain decía: «He conseguido la libertad después de haber tomado tres millones de buenas decisiones».

Tú también intenta tomar buenas decisiones, siguiendo siempre la regla de oro: haz a los demás lo que te gustaría que te hicieran, y no hagas nada que perturbe tu paz interior, pues será una señal de que te habrás apartado del buen camino.

Como aconsejaba el sonriente Buda, cultiva el pensamiento justo, la palabra justa, la acción justa.

Con estas tres virtudes hazte una corona triple y póntela todos los días de tu vida: serás un rey.

Toma buenas decisiones, pues te seguirán como tu sombra.

Toma buenas decisiones en tus negocios, pero también en tu vida, pues no hay tanta distancia como parece entre los negocios y la vida.

Intenta estar en paz contigo mismo.

Seguía una página en blanco y el muchacho pensó por un instante que el testamento del Millonario había acabado.

Pero pasó la página. Y había algunos pensamientos sueltos, como si el Millonario no hubiera tenido tiempo de redactarlos definitivamente. El joven chófer empezó a leer con cierta emoción...

... El cielo que miro hoy es el cielo de todas las épocas, de toda la eternidad, el cielo de la Grecia antigua que contempló el divino Platón, el maravilloso Sócrates, mi maestro del pensamiento, pues confió en el poder de la mente, y no en las estúpidas convenciones que nos impiden pensar.

... La mente de un hombre común es como un mono que salta de una rama a otra y no se queda quieto. De este modo, nunca penetra en los principios de ningún campo ni consigue nada, y menos la paz interior.

... Todos los días haz este ejercicio misterioso y sencillo: sin parpadear, mira un punto fijo durante cinco minutos, diez minutos, durante media hora, si puedes, y verás qué maravillas ocurrirán en tu vida.

Agudiza hasta ese punto la concentración y vivirás permanentemente en el presente: enseguida poseerás esa riqueza que sólo creías poder alcanzar en el futuro, y tus sueños, misteriosamente, se convertirán en realidad: todo en tu vida pasará a la velocidad de la luz, pues vivirás en la verdad luminosa de tu ser...

... En el presente, no hay más vacíos ni miedos, sólo amor. En el presente, eres rico, y no hablo sólo de grandes casas, limusinas, aviones privados, hablo del estado exaltado del verdadero millonario...

Sobre las rosas:

Mis rosas, mis queridas rosas, cuando deje este mundo ¿quién se ocupará de vosotras, queridas? Ya sé, Dios, el jardín supremo, pero... los hombres de este siglo pierden su tiempo en cosas tan insignificantes.

... Huye de las distracciones comunes de los hombres, observa durante un tiempo la reserva amorosa, conservando tu esencia preciosa que da alas al dragón de la leyenda, que permite revelar tus virtudes heroicas, tus virtudes mágicas...

Observa su espíritu.

La luz, la luz, en las paredes, en las rocas, en los campos, la luz: el pasaporte para la eternidad...

La luz, en el presente, el amor... en las esferas más amplias de tu espíritu, allí donde el viaje ha empezado, donde el viaje se acaba...

Pero de repente siento que se me nubla la mente, y...

¿Qué hora debe de ser?

Ya son las seis de la mañana...

Esta noche ha pasado en un segundo, y tengo la sensación de no haber escrito yo este testamento que ha salido de golpe, sin pensarlo, y que he titulado con grandilocuencia: MI TESTAMENTO...

Es como si mi maestro interior me lo hubiera dictado, como si me hubiera utilizado como simple instrumento, aunque sean mis pensamientos, todos mis pensamientos, lo que he expresado en estas páginas...

Pero ¿cómo me voy a oponer a su voluntad, si me ha aconsejado tan bien hasta ahora?

Y, además, ¿quién soy yo para enfadarme porque se haya servido de mí?

Después de todo, y a pesar de mis millones, y a pesar de lo que se pueda pensar de mí, yo sólo soy un modesto sirviente.

Pero más libre, sin duda, más feliz que los demás sirvientes, y que todos los jefes del mundo, pues soy el sirviente de Dios.

¿Qué más puedo decir?

Quizá por el cansancio de haber pasado la noche en vela, de pronto me siento mal, como si tuviera una especie de dificultad de ser...

La letra de estas líneas, que eran las últimas del testamento, parecía mucho más temblorosa, y el muchacho tuvo un terrible presentimiento.

O, quizá, comprendió lo que probablemente ocurrió...

El millonario se sintió mal al final de esa larga noche y se tumbó, agotado. Sin embargo, se levantó para practicar un poco de golf. Pero volvió a sentirse mal en el hoyo dieciocho y tuvieron que llevarlo de urgencia al hospital, y, en ese momento, probablemente debía de estar muerto...

11

UN ENCUENTRO INESPERADO

–¿Al final has venido?

El muchacho, con lágrimas en los ojos, levantó la mirada del testamento.

Ante la puerta de la biblioteca se encontraba nada menos que... el Millonario en persona, vestido para jugar a golf.

Por un momento creyó que estaba alucinando. Las últimas palabras lo habían conmovido y pensó que el hombre que estaba en la biblioteca sólo era un fantasma, el fantasma del Millonario.

Sin embargo, el supuesto espectro mostraba una sonrisa un tanto irónica mientras se dirigía hacia la mesa en que se hallaba el muchacho.

El Millonario se fijó en los ojos húmedos del joven y le preguntó señalando su testamento:

–¿Es tan triste?

–Eh, no, en absoluto, es que... –hizo una pausa, se levantó y avergonzado indicó las páginas–. Me... me... he permitido... Espero que no le moleste que haya leído...

–En absoluto –aseguró el Millonario con una sonrisa totalmente convincente.

–Yo he venido... ayer olvidó uno de sus guantes en la limusina... He venido a devolverlo, pero al llegar, había un palo y una pelota de golf tirados en el suelo, no había nadie, la puerta estaba abierta y pensé que había ocurrido una desgracia...

–Edgar, mi chófer, se ha vuelto a sentir mal esta mañana y hemos tenido que llevarlo al hospital. Es como si fuera de la familia, y hemos ido todos juntos, por eso no había nadie en casa...

–¿Está...?

–Está bien, fuera de peligro.

El muchacho se puso a buscar el guante del Millonario y masculló para sus adentros:

–Estaba por aquí, lo he utilizado para...

Iba a decir que para intentar entrar la pelota en el hoyo dieciocho, pero se dio cuenta de que quedaría muy mal. Luego, de repente, recordó que lo había guardado en el bolsillo trasero de su pantalón.

Se lo extendió con cierto orgullo.

–En el bolsillo de atrás, como un golfista –dijo el millonario con una leve sonrisa, como si hubiera adivinado el uso que le había dado.

El muchacho sonrió un tanto avergonzado, y como el Millonario se dirigía hacia él, le dio el guante.

–¿Juegas a golf?

–Eh, sí... bueno, no juego tanto como me gustaría, y todavía no tengo mi propio campo de golf, pero un día...

–Ah, eres ambicioso, por lo que veo. Está muy bien, eso es bueno... –hizo una pequeña pausa y luego el viejo filósofo continuó–. Si juegas a golf, no te importará demasiado acompañarme al hoyo dieciocho. Estaba a punto de terminar un recorrido de 79 cuando Edgar... Y como pocas veces me acerco a 80...

«¿A punto de terminar?», pensó el muchacho. ¡Lo tenía claro, el Millonario, si creía que ese golpe era fácil! Él no se acercaba a los 80, podía tener unos 15 o 16 golpes más, pero era capaz de reconocer cuándo un golpe era casi imposible...

–Me encantaría acompañarlo.

–Entonces vamos ahora, cuando empiezo algo me gusta terminarlo.

Caminaron hacia el campo de golf y el Millonario dijo:

–Pareces ser un hombre ambicioso, dime, ¿qué meta tienes? No te vas a pasar toda tu vida conduciendo una limusina, ¿no?

El joven tuvo su oportunidad el día anterior, y estúpidamente la dejó pasar. Esta vez no podía hacer lo mismo.

–Eh, pues... sí.

–¿Cómo? –preguntó el Millonario un tanto extrañado, como si la mirada brillante y llena de promesas del muchacho le hubiera engañado.

–Sí, es decir, lo que me gustaría, bueno, mi sueño, sería comprar la empresa de mi jefe.

–Ah, hacer para uno mismo lo que se hace para otra persona, es inteligente. Me gusta.

–Pero sólo tengo diez mil dólares.

–¿Un préstamo de tus padres?

–No... mis padres... murieron cuando tenía dieciséis años...

–Lo siento. ¿Qué edad tienes ahora?

–Veintiuno.

–¡Veintiuno! ¿Y has conseguido ahorrar diez mil dólares? –el millonario dejó escapar un silbido de admiración–. Tiene mérito... A tu edad, normalmente, uno tiene diez mil dólares de deudas. Te felicito, de verdad.

–Se lo agradezco, pero... estoy lejos de mi meta... En verdad, mi objetivo es ganar mi primer millón antes de cumplir los treinta años...

–Está bien, tienes un objetivo preciso con una fecha concreta. Está muy bien. Pero dime, ¿por qué esperar a tener treinta años?

–Porque ahora no tengo el dinero para comprar la empresa de mi jefe, tiene unas veinte limusinas, y el banco... Para ellos, no importa que tenga diez mil dólares, para ellos sólo soy un chófer sin futuro que sólo gana veinte mil al año...

–Ya veo –dijo el Millonario–, ya veo...

No dijo nada más hasta que llegaron al hoyo dieciocho.

–Te voy a proponer una apuesta.

–¿Una apuesta?

–Sí. Diez contra uno.

Y el Millonario sacó de su bolsillo una moneda de diez centavos.

–¿Diez contra uno? ¿Quiere decir que quiere apostar diez centavos?

El Millonario no pudo reprimir un cierto movimiento de hilaridad, que probablemente se debía al cansancio por no haber dormido casi nada esa noche y por el susto que le dio su chófer.

Pero cuando al fin pudo recuperar la tranquilidad dijo:

–No... en fin, seguro que conoces mi reputación, me llaman el Millonario, entonces, no apuesto centavos, sino dólares.

Antes de continuar, se arrodilló con una agilidad sorprendente en un hombre de su edad y colocó la moneda en la pelota, pero de forma diferente a la habitual, colocándola no detrás, sino un poco al lado derecho. Se levantó y continuó su explicación:

–Escucha, te propongo lo siguiente: tus diez mil dólares los apuesto 10 a 1. Si consigues meter la pelota, te doy cien mil dólares, si fallas, me das tus diez mil. ¿Qué te parece?

–¿Cien mil dólares? ¿Por una jugada?

–Sí, pero si pierdes, te quedas sin tus diez mil dólares.

El joven se echó a temblar, acababa de recordar lo que no tenía que haber olvidado ni un segundo: sus numerosas tentativas frustradas para conseguir meter la pelota en ese hoyo.

Cien mil dólares era una cantidad inesperada, más de lo que probablemente conseguiría ahorrar en veinte años, y quizá fuera suficiente para comprar la empresa de su jefe, en todo caso para dar una entrada importante o para conseguir un préstamo. Pero, en cambio, si no entraba la pelota en el hoyo, perdería en unos segundos los pacientes, los heroicos ahorros de los últimos cinco años y tendría que empezar de nuevo, de cero.

–Yo...

Estaba a punto de confesarle que había intentado ese golpe antes, ocho o diez veces, no sabía exactamente cuántas habían sido, pero suficientes para darse cuenta de que era muy difícil, casi imposible. Sin embargo, no se atrevía a confesar otra impertinencia, y menos ahora que sabía la importancia que tenía para el Millonario esa jugada, porque podía conseguir hacer todo el recorrido con 80 golpes.

Tragó saliva y decidió decir la verdad.

–Verá, no es una apuesta...

Iba a decir «honesta», pero la palabra le pareció un poco fuerte. Se quedó mudo por unos segundos. La propuesta del Millonario no era nada generosa, quizá le habían informado mal sobre su generosidad.

–Esta mañana, mientras esperaba que alguien llegara, me permití intentar este golpe... Por supuesto, he colocado la pelota exactamente donde estaba, pero es un golpe casi imposible...

–¿Casi imposible? –repitió el Millonario–. Vamos a ver.

Y de inmediato se fue a quitar el banderín del hoyo, que dejó a unos metros. Luego examinó el golpe. Se arrodilló detrás de la pelota, fue al otro lado, se inclinó también, rodeó el hoyo examinándolo con sus ojos azules bajo todos los ángulos. Luego, volvió al lugar donde estaba la pelota, ensayó el movimiento, colocó finalmente el palo detrás de la pelota, preparó el golpe, pero de pronto dejó su posición y dijo con voz divertida, como si fuera un robot:

–Nunca des un golpe hasta estar cien por cien seguro.

Estudió de nuevo la trayectoria, volvió a su posición y por fin golpeó la pelota.

Desde el impacto, el muchacho esgrimió una sonrisa.

El Millonario había cometido el mismo error que él, por la mañana: golpeó la pelota demasiado fuerte. Seguro que se pasaría unos tres metros del hoyo.

El Millonario decidió no sólo dar un golpe firme, sino ir directamente al hoyo, en línea recta, o casi, porque había que tener en cuenta la curva del césped, bastante pronunciada.

Cuanto más se acercaba la pelota al hoyo, menos sonreía el muchacho. Iba a bastante velocidad, y aunque golpeara en el hoyo, como parecía, no se pararía en el recorrido.

No se paró, en efecto, porque cuando llegó al hoyo, en lugar de desaparecer, se elevó en el aire, unos quince centímetros.

El joven contuvo la respiración. Pero cuando la pelota volvió a caer, tras lo que a él le pareció una eternidad, aunque no hubiera transcurrido más de una fracción de segundo, cayó dentro del hoyo y se quedó ahí.

–¡Bien! –exclamó el Millonario–. ¡Mi primer 79 de la temporada!

Dio saltos como si fuera un niño: el placer de la victoria no tiene edad.

Se dirigió hacia el hoyo con paso alegre –parecía que bailara–, recuperó la pelota y la besó antes de ir a colocarla cerca de la moneda de diez centavos, que retiró y se la metió en el bolsillo. Le tendió su palo al muchacho y le dijo:

–Ahora te toca a ti.

Ante tal demostración, el joven chófer de limusina no tenía elección, no podía negarse.

Y sin embargo...

Diez mil dólares menos, si perdía...

Tomó el palo e hizo una mueca como mínimo dubitativa, por no decir desesperada.

Se colocó en posición para golpear la pelota, después de examinarla con cuidado, aunque sabía exactamente... aunque no hubiera conseguido hacerlo ni una sola vez.

Pero de pronto se echó atrás, se giró hacia el Millonario, sorprendido de su reacción:

–Estoy seguro de que voy a fallar, lo he intentado diez veces esta mañana y no he conseguido que la pelota entrara.

–Eso es una ventaja, ahora ya sabes diez maneras de cómo no debes golpear la pelota.

El muchacho apretó los labios. No era tonto, sabía que eso no eran más que frases vacías, un razonamiento sin valor, y él se estaba jugando diez mil dólares. Parecía que el Millonario le estaba invitando a deshacerse de esa cantidad.

Él había conseguido meterla en el hoyo a la primera, pero quizá había sido pura suerte, sin tener en cuenta que seguro que conocía cada rincón de ese césped, pues era su propio campo de golf.

Al verlo dudar, el Millonario se inclinó hacia la pelota con la intención de cogerla:

–Sé que es difícil, por eso te ofrezco diez contra uno, si no, no te habría propuesto una apuesta así. Escucha –dijo con voz dulce, sin ironía–, no quiero obligarte, sólo te estaba ofreciendo una oportunidad. En la vida, siempre hay un riesgo...

En ese momento, la cabeza del muchacho era un hervidero. Pensó en el incidente del día anterior, en la oportunidad que perdió: ¿no estaba haciendo exactamente lo mismo porque le faltaba valor? Al ritmo en que podía ahorrar, no conseguiría su primer millón hasta la edad de jubilarse, si llegaba, y quizá fuera demasiado tarde para disfrutar de esa fortuna...

–De acuerdo... Voy a intentarlo –dijo el muchacho.

–Después de todo –comentó el Millonario con evidente satisfacción–, sólo se trata de dinero.

«Sí», pensó el joven, «eso es fácil de decir cuando se está forrado». También pensó en lo que había leído por la mañana. «Como Marco Polo. Quizá venga de ahí la expresión. De todos modos, es fácil de decir cuando se tienen millones... Pero... quizá yo también debería pensar de ese modo si, justamente, quiero conseguir mi primer millón.»

Y volvió a la posición delante de la pelota, delante de su destino.

Repetía para sus adentros: «No porque haya fallado diez veces voy a volver a fallar. Esta vez es la buena, tengo que hacerlo, tengo que conseguirlo y tendré cien mil dólares».

Vio cómo el Millonario golpeó con fuerza la pelota, pero él prefería optar por un golpe suave, porque si no daba en el lugar exacto, no conseguiría que entrara.

Tenía que hacer como si fuera fácil, como si la pelota estuviera en el agujero, verla entrar lentamente, apartar cualquier pensamiento negativo, cualquier oscuridad de su mente...

«Voy a conseguirlo, voy a hacerlo, tengo que conseguirlo...», mascullaba el muchacho.

Pero su nerviosismo no disminuía, al contrario. Respiró profundamente, se concentró, intentó pensar sólo en el golpe, ese golpe que cambiaría su vida y le haría conseguir su objetivo.

O lo dejaría sin nada.

«No, no puedo pensar en esa posibilidad. No tengo que pensar en las diez veces que lo he intentado esta mañana. Sólo tengo que ver la trayectoria de la pelota, la trayectoria perfecta y la pequeña pelota blanca entrando en el hoyo.»

Tenía la sensación de que ese hoyo cada vez estaba más lejos, que cada vez era menor, de tanto mirarlo, de mirarlo fijamente como si fuera un auténtico maníaco.

No tenía que esperar más, si no, ese golpe desaparecería, mientras que era la pelota la que tenía que desaparecer dentro del hoyo. Y ese golpe de metro y medio parecía un golpe de cuatro metros.

En su frente empezaron a aparecer pequeñas gotas de sudor, aunque estaban en una fresca mañana de mayo, pero por fin, tras lo que pareció una eternidad, el joven golpeó la pelota, apuntando unos treinta centímetros a la derecha del hoyo, lo que era casi un acto de fe... y de templanza. ¡Parecía tan lejos del hoyo! Pero a la velocidad que iría la pelota, era la única forma de entrar.

Enseguida tuvo la sensación de que había golpeado la pelota con la fuerza exacta, pues empezó a girar no demasiado lenta, ni demasiado rápida, e hizo una curva hacia el hoyo.

Sí, la velocidad era perfecta, y la pelota giraba perfectamente, estaba a sólo unos centímetros del hoyo. Y de los cien mil dólares.

A seis centímetros, a cuatro...

Ahora estaba claro, la pelota iba a caer.

Por poco, porque había exagerado un poco apuntando a la derecha del hoyo, pero aun así caería, y eso era lo importante.

Pero en el último momento, de un modo inexplicable, como si el destino hubiera querido burlarse de él, a un milímetro del hoyo, la pelota se paró...

Así es, se paró, y el muchacho también se quedó parado...

Pero un segundo más tarde, la pelota cayó, como si fuera llevada por la fuerza de su propio peso, por la fuerza de la gravedad.

Sí, el muchacho había conseguido su golpe, había ganado la apuesta, y los cien mil dólares.

Como había hecho el Millonario unos minutos antes, corrió hacia el hoyo, recuperó la pelota y la besó: una pelota de cien mil dólares.

Se volvió hacia el Millonario, que sonreía con tranquilidad y no parecía preocuparle haber perdido cien mil dólares. Simplemente le sonreía, como un padre sonríe a su hijo cuando acaba de triunfar.

–Te felicito –dijo.

Unos minutos más tarde, después de pagarle su fabulosa «deuda de golf», el Millonario acompañó al muchacho a su viejo jeep.

–¿No has venido en limusina?

–No, es mi día de fiesta.

–Un día de fiesta productivo...

–Pues sí...

–No lo olvides.

–No lo olvidaré nunca, es el mejor día de mi vida.

–No, quería decir que no olvides que ganar dinero no tiene por qué ser difícil.

–Intentaré no olvidarlo.

–Lo que es difícil, sin embargo... –el Millonario se quedó en silencio durante un instante como si estuviera pensando en cómo explicarle lo que pretendía–. ¿Sabes cómo cazan a los monos en la India?

–Pues no...

–Atan un coco a un árbol, y meten arroz por un agujero lo suficientemente grande como para que el mono pueda meter la mano. Y eso ocurre. El mono mete la mano, toma el arroz, pero con la mano llena de arroz no consigue sacarla del agujero. Y no es capaz de soltar el arroz. Así se queda hasta que vienen a capturarlo.

–Interesante.

–Intenta ser más inteligente que los monos para conseguir tu primer millón, y los que le seguirán.

–Le prometo que lo intentaré.

El Millonario se acercó al muchacho y le dio un fuerte abrazo.

–Bueno, te tienes que marchar. Y yo tengo que trabajar para ganar esos cien mil dólares que acabo de perder.

El joven sonrió y se subió a su viejo jeep. Pero antes de marcharse, le preguntó al Millonario:

–¿Me habría pedido los diez mil dólares si la pelota no hubiera entrado?

El Millonario respondió a su pregunta con otra pregunta, siguiendo su doctrina socrática.

–¿Tú qué hubieses hecho en mi lugar?

Esas fueron las últimas palabras que intercambiaron el joven chófer de limusina y el viejo Millonario.

EPÍLOGO

¿Y después?

Pues bien, las cosas no ocurrieron exactamente como el joven conductor de limusina había imaginado.

Su jefe accedió, después de muchas discusiones, a venderle la empresa por 500.000 dólares pagaderos en cinco años.

Pero quería un total de 500.000 dólares, ni un centavo menos.

El joven evidentemente no los tenía.

Sólo tenía 110.000.

Pidió un préstamo al banco, pero el director se lo negó.

Después, ironías del destino, su jefe decidió echarlo: un empleado frustrado y con la ambición de ser el jefe no puede ser un buen trabajador.

Deprimido, tuvo que buscarse un empleo...

Pero por una de esas «casualidades» del destino, una mañana leyó un pequeño anunció en el periódico: se venden limusinas de segunda mano...

Era una pequeña flota de tres limusinas en bastante buen estado. El propietario pedía cien mil dólares. El muchacho las compró por 80.000.

Le quedaban 30.000.

Por suerte, porque los primeros seis meses fueron terribles. Estaba a punto de desistir y de vender sus tres limusinas perdiendo dinero, cuando consiguió un fabuloso contrato con un hotel.

Un año más tarde, sus negocios iban tan bien y los de su antiguo jefe tan mal, que pudo comprarle el negocio por la mitad del dinero que le había propuesto.

Cinco años más tarde, había ganado oficialmente su primer millón, y constató que el Millonario tenía razón: no había sido tan difícil...

¿Pero le había sido tan fácil ser más inteligente que un mono?

Eso la historia no lo dice.

Montreal, 11 de marzo del 2002,
dos días antes de mi cumpleaños.